PE. ZEZINHO, SCJ

O PÚLPITO QUE DÓI

Leituras sobre a mística da pregação cristã

EDITORA SANTUÁRIO

EDITORA SCJ

Coordenação editorial: Ana Lúcia de Castro Leite
Copidesque: Sofia Machado
Revisão: Luana Galvão
Diagramação e Capa: Mauricio Pereira e Maicon Santos

Dados Internacionais de Catalogação na Publicação (CIP) de acordo com ISBD

P349p Pe. Zezinho

O púlpito que dói: leituras sobre a mística da pregação cristã / Pe. Zezinho. – Aparecida : Editora Santuário, 2025.

216 p.; 14cm x 21cm.

ISBN: 978-65-5527-479-0

1. Religião. 2. Cristianismo. 3. Pregação cristã. I. Título.

2025-66 CDD 240
CDU 24

Elaborado por Vagner Rodolfo da Silva - CRB-8/9410

Índice para catálogo sistemático:
1. Religião : Cristianismo 240
2. Religião : Cristianismo 24

1ª impressão

Rua Pe. Claro Monteiro, 342 – 12570-045 – Aparecida-SP
Tel.: 12 3104-2000 – Televendas: 0800 - 0 16 00 04
www.editorasantuario.com.br
vendas@editorasantuario.com.br

PREFÁCIO

Com este livro concluo o que me propus há alguns anos: publicar quatro volumes sobre os novos púlpitos, os novos pregadores, o uso da mídia religiosa e a mística dessas novas pregações. Eles fazem parte do curso de *Prática e Crítica de Comunicação das Igrejas* que ministro na Faculdade Dehoniana de Taubaté, desde 1980.

Foram tantos os pedidos de cursos e palestras sobre os temas a respeito dos quais versei em aula, que optei por publicar alguns capítulos na internet www.padrezezinhoscj.com Com este volume penso dar por encerrada esta série.

Escrevi de maneira simples, porque penso nos catequistas e pregadores menos acostumados a livros. Quero chegar a todos. Em aula, fui bem mais detalhado e exigente. Esses volumes são para todos os que desejavam uma reflexão sobre sua maneira de evangelizar por meio da mídia.

O volume atual, como o próprio tema o sugere, fala da interioridade do pregador. Há uma mística em toda a pregação. Se ela não existir, resvalará para o personalismo e para a pregação interesseira, da qual Jeremias falou em 14,14 e no capítulo 23 e sobre a qual também o capítulo 23 de Mateus versa, com exigente ternura.

De resto, o leitor perceberá aonde eu quis chegar ao escrever mais este livro. Oremos pela Igreja e por seus catequistas e pregadores.

José Fernandes de Oliveira
Pe. Zezinho, scj.

1

INSPIRADOS PELA PALAVRA DE DEUS

Os textos deste livro têm como objetivo refletir sobre a espiritualidade e a mística da pregação, principalmente da interioridade do pregador, das dores e dos desvios quando falta ascese a quem anuncia, tendo como fonte da reflexão a Palavra de Deus, que inquieta, provoca, ilumina e guia.

AI DOS PREGADORES SEM MÍSTICA

Do capítulo 23 de Jeremias

"Ai dos pastores que deixam perecer no abandono o rebanho de meus prados" – oráculo de Javé. Por isso, assim fala Javé, o Deus de Israel, contra os pastores que devem apascentar meu povo: "Vós dispersastes minhas ovelhas, as expulsastes e não vos ocupastes delas; eis que eu me ocuparei de vós por causa da maldade de vossas ações" – oráculo de Javé.

O bom pastor futuro

"Eu mesmo reunirei o resto de minhas ovelhas de todas as regiões para onde as dispersei e as farei voltar a seus prados; serão fecundas e se multiplicarão. Constituirei sobre elas pastores que as apascentem, de modo que não terão mais medo nem pavor, e delas não faltará nenhuma" – oráculo de Javé.

"Eis que virão dias – oráculo de Javé – nos quais suscitarei a Davi um germe justo, que reinará como rei; será sábio e exercerá o direito e a justiça sobre a terra. Em seus dias, Judá será salvo e Israel terá segurança em sua morada; este será o nome com que o chamarão: 'Javé-nossa justiça'.

Portanto, eis que virão dias – oráculo de Javé – durante os quais não se dirá mais: pela vida de Javé que fez os israelitas sair do país do Egito, mas se dirá: pela vida de Javé que fez sair e que reconduziu a descendência da casa de Israel do país do norte e de todos os países aonde a havia dispersado, para que more em sua própria terra."

Contra os falsos profetas

Meu coração se parte dentro de mim, tremem todos os meus membros, sou como um embriagado e como quem está dominado pelo vinho, por causa de Javé e de suas santas palavras. "Pois o país está cheio de adúlteros; por causa da maldição, o país está de luto, secaram-se os pastos da estepe. Eles correm para o mal, usam sua força para a injustiça. Até o profeta, até o sacerdote são ímpios, até em minha casa encontrei sua maldade – oráculo de Javé. Por isso seu caminho será para eles um lugar escorregadio; serão empurrados nas trevas e cairão nelas, porque mandarei sobre eles a calamidade no ano de seu castigo – oráculo de Javé.

Entre os profetas de Samaria eu vi desatinos. Profetizavam em nome de Baal e extraviavam Israel, meu povo. Mas entre os profetas de Jerusalém vi coisas nefandas: cometem adultérios e agem com hipocrisia, reforçam a mão dos malfeitores, de modo que ninguém se converte de sua maldade; porque todos são para mim como Sodoma e seus habitantes, como Gomorra." Por isso assim fala Javé dos exércitos contra os profetas: "Eis que os farei engolir absinto e beber águas envenenadas, porque dos profetas de Jerusalém saiu a impiedade para todo o país".

Assim fala Javé dos exércitos: "Não escuteis as palavras dos profetas que profetizam para vós; eles vos farão acreditar em coisas vãs; eles vos anunciam fantasias de seu coração, não o que vem da boca de Javé. Eles dizem àqueles que desprezam a palavra de Javé: Vós tereis paz! E aos que seguem a dureza de seu coração dizem: nenhum mal vos atingirá. Mas quem assistiu ao conselho de Javé, para ver e ouvir sua palavra? Quem prestou atenção a sua palavra e a escutou? Eis a tempestade de Javé! Seu furor irrompe, uma tempestade se precipita e se abate sobre a cabeça dos malvados. Não cessará a ira de Javé, enquanto não tiver completado e realizado os projetos de seu coração. No decurso dos dias compreendereis tudo!

Eu não enviei esses profetas, e eles correm: não lhes falei, e eles profetizam. Se tivessem assistido a meu conselho, teriam anunciado minhas palavras a meu povo e os teriam desviado de sua conduta perversa e da maldade de suas ações. Acaso eu sou Deus só de perto – oráculo de Javé – e não também Deus de longe? Acaso pode um homem ocultar-se nos esconderijos sem que eu o veja? – oráculo de Javé. Eu não encho o céu e a terra? – oráculo de Javé.

Eu ouvi o que dizem os profetas que profetizam falsamente em meu nome, dizendo: eu tive um sonho, eu tive um sonho! Até quando haverá entre os profetas quem profetiza a mentira e anuncia a impostura de seu coração? Eles pensam que farão meu povo esquecer meu nome com seus sonhos, que contam um ao outro, como seus pais esqueceram meu nome por Baal! O profeta que teve um sonho conte seu sonho; quem ouviu uma palavra minha, anuncie fielmente minha palavra.

O que tem a ver a palha com o trigo? - oráculo de Javé. Acaso minha palavra não é como o fogo? - oráculo de Javé - e como um martelo que despedaça a rocha?

Por isso eu sou contra os profetas - oráculo de Javé - os quais roubam uns dos outros minhas palavras. Eu sou contra os profetas - oráculo de Javé - que movem a língua para dar oráculos. Eu sou contra os profetas que têm sonhos mentirosos - oráculo de Javé - que os contam e extraviam meu povo com mentiras e leviandades. Eu não os enviei nem dei ordem alguma; eles não terão utilidade alguma para este povo" - oráculo de Javé. "E, quando, pois, este povo, ou um profeta, ou um sacerdote te perguntar: 'Qual é o peso de Javé?', tu referirás a eles: 'Sois vós o peso de Javé! Eu vos rejeitarei' - oráculo de Javé. E o profeta, ou o sacerdote, ou o homem do povo que disser: 'Peso de Javé!', eu o punirei e também sua família (Jr 23,1-35)."

O CUIDADO COM OS PREGADORES!

Do capítulo 23 de Mateus

Dirigindo-se, então, às multidões e a seus discípulos, Jesus disse: "Os escribas e os fariseus ocupam a cátedra de Moisés; portanto fazei e observai tudo o que disserem; mas não imiteis suas ações, porque eles não praticam o que ensinam. Amarram pesados fardos e os colocam às costas dos outros, mas eles mesmos não os querem mover nem com o dedo. Em tudo o que fazem, o que buscam é ser vistos pelos outros. Por isso trazem filactérios bem largos e usam franjas bem compridas nos mantos. Gostam dos primeiros lugares nos banquetes e das primeiras cadeiras nas sinagogas. Gostam de ser saudados nas praças públicas e de ser chamados de mestres pelos outros. Quanto a vós, não queirais ser chamados de mestres, pois um só é vosso Mestre e vós todos sois irmãos. E, aqui na terra, a ninguém chameis de pai, pois um só é vosso Pai, aquele que está nos céus. Nem permitais que vos chamem de guias, porque um só é vosso guia, o Cristo. O maior dentre vós será vosso servo. Quem se exalta será humilhado e quem se humilha será exaltado. Ai de vós, escribas e fariseus hipócritas, que fechais para os outros o Reino dos Céus! Pois nem vós mesmos entrais, nem deixais entrar os que o querem. Ai de vós, escribas e fariseus hipócritas! Devorais as casas das viúvas, fingindo fazer longas orações. Por isso sereis castigados com muito maior rigor. Ai de vós, escribas e fariseus hipócritas! Vós percorreis o mar e a terra para converter alguém e, depois que o conseguis, vós o tornais merecedor do inferno duas vezes mais que vós! Ai de vós, guias de cegos, que dizeis: 'Se alguém jura pelo templo, não vale; mas, se jura pelo ouro do templo, fica obrigado'. Tolos e cegos! Que é mais importante: o ouro, ou o templo que santifica o ouro? Vós dizeis também: 'Se alguém jura pelo altar, não vale; mas, se jura pela oferta que está sobre o altar, fica obrigado'. Cegos! Que é mais importante: a oferta, ou o altar que santifica a oferta? Portanto quem jura pelo altar jura por ele e por tudo o que está sobre ele. E quem jura pelo templo jura por ele e por Aquele que o habita. E quem jura pelo céu jura pelo trono de Deus e por Aquele que nele está sentado (Mt 23,1-22).

2

MÍSTICA DE PREGADOR

Jeremias percebeu o que muitos sacerdotes e fiéis de seu tempo não haviam percebido ou não tinham coragem de dizer. Nem todo aquele que se diz vidente e profeta vidente e profeta é.

Jesus alertou diversas vezes sobre os falsos ungidos, falsos profetas e falsos discípulos que falariam bonito e pareceriam íntimos dele. Parecer santo não é o mesmo que ser santo. Jesus foi duro com os que, usando seu nome, forjariam visões, profecias e mensagens. Disse que não os reconheceria como seus, mesmo que tivessem expulsado demônios, curado pessoas ou convertido multidões (Mt 7,15-23).

Qual seria, pois, o critério para discernir quem é verdadeiro vidente, pregador ou profeta? A leitura dos textos anteriores e de outros, que há muitos nos outros profetas, evangelistas e apóstolos nos leva à preocupação número um de todas: como erva daninha, falsos pregadores, sem mística, que o dinheiro, a fama, a notoriedade e o poder se apossariam dos púlpitos para dizerem que Deus lhes disse o que não lhes foi dito.

Ver e ouvir pregadores na mídia de hoje é um exercício de discernimento. Há os que agem com sinceridade e serenidade, estão lá por obediência, designados pelas autoridades. Não cavaram aquele posto. Não compraram aquele púlpito. Fazem o que sabem e como sabem, anunciando Jesus com humildade e incentivando os outros irmãos. Aparecem sem aparecer.

Há os outros, que não escondem sua opção por conforto, riqueza, dinheiro, poder, notoriedade e mais valia. Estão lá por causa de um sonho e movidos pelo imenso amor que têm por si mesmos. Falam bonito e parecem ungidos, mas uma análise mais exigente e profunda nos levará aos capítulos 23 de Jeremias e de Mateus.

Como ninguém gosta de ser acusado de pregador que prega a si mesmo, não cite nomes e não aponte dedos. Não vai funcionar. Ninguém se sente culpado desse crime de usar o nome de Deus em vão. Nesse caso, examine sua mística e pergunte-se, com base em Mateus e Jeremias capítulos 23 de cada qual, se, porventura, você não se enquadra entre aqueles que Jeremias e Jesus condenavam.

Praza a Deus que você e eu sejamos, de fato, inocentes. Pregamos para milhões de ouvidos por quê? Fomos enviados por quem? Cavamos aquele horário? Alguém nos convidou? Como chegamos lá onde agora estamos? Nossa resposta, talvez, ajude nossa mística. Do nosso por quê depende a pureza do púlpito que agora ocupamos.

3

TEMPLO MALCONSTRUÍDO

O pregador decidiu construir seu templo em um lugar visível e encantador. Todos veriam sua enorme e belíssima casa na colina que dava para o mar. De sua enorme e belíssima construção, enquanto ele pregasse, o fiel descortinaria toda a baía. Investiu pesado. Deu tudo certo. Valera a pena! Era o cenário dos sonhos de qualquer pregação moderna. O templo era todo de vidro fumê. Todos poderiam vê-lo. Se ele quisesse privacidade, bastaria apertar o botão que a cortina motorizada se movia. O templo se tornou lugar turístico, e o pregador, assunto de todas as rodas.

Um engenheiro assinara a planta, um paisagista cuidara dos jardins e um famosíssimo técnico em eletrônica cuidara do som. Começaram os serviços e cultos. O templo era cada dia mais a sensação do país e, assim esperava ele, do mundo. Nunca ninguém erguera um lugar de oração como aquele. Estava inaugurada a mais pomposa e moderna igreja eletrônica de todos os tempos.

Mas ele e todos os entusiastas festivos que contratou esqueceram um detalhe. Não consultaram um geólogo nem um ecologista. Dois anos depois, em um fatídico janeiro, choveu doze dias. As encostas encharcaram, a colina era baixa demais e a montanha veio abaixo. O púlpito e o templo se afogaram em um mar de detritos, debris, pedras e árvores esmagadas. Morreram doze, centenas de fiéis ficaram gravemente feridos, e o pregador, que chegava para mais uma pregação, viu seu sonho se esvair em questão de segundos. Tudo porque dispensaram a opinião de um especialista em solo firme. Após consultar seus colegas e seu instituto, o estudioso saberia se aquele solo era adequado.

Assim, o ousado e atirado pregador, que tantas vezes falara de maneira encantadora em cima do texto bíblico "a casa sobre a rocha" (Mt 7,24-25), descobriu que consultara as pessoas erradas e deixara de ouvir dois chatos especialistas, o que entendia de prospecção de solo e o que entendia de ecologia. É que essa gente mais proíbe do que aplaude! Mas entende de vida, de solo escorregadio, de aluviões e de solo firme!

4

A DOR QUE DÓI NO PREGADOR

Penso nos sofrimentos de quem assume a pregação da Palavra. Às vezes, acontece em um show, mas pregar não é nem nunca foi um show. Quando um teólogo ou pregador, por causa de sua pregação e de seus livros, entra em conflito com sua ordem ou com a Igreja, imagino que a alma lhe doa. É a dor da liberdade de consciência. Deve doer ainda mais quando, para não parar de escrever ou de comunicar aquilo em que acredita, abandona sua família religiosa, rompe com a autoridade da Igreja ou de sua ordem. Só ele e Deus sabem os verdadeiros motivos. Ir embora de quem nos deu a cultura e as chances que temos é sempre dolorido. Não há rompimentos suaves. Não há pregação que não doa.

Dói bem mais nos teólogos e pregadores que silenciam e não dizem o que gostariam de dizer, porque seus irmãos em autoridade lhe pediram silêncio. É a dor da obediência. Doeu em Teillard de Chardin e em Thomas Merton silenciar por obediência suas respectivas Ordens. O tempo passou, e sua obra nunca perdeu a atualidade. Outros irmãos e a própria Igreja e Ordem beberam mais tarde das fontes e comeram dos frutos de sua semente, que naqueles dias não foi possível jogar no solo.

Dor maior ainda é a da Igreja que, tendo formado um filho que lhe prometeu obedecer, viu-o seguir um projeto pessoal e não ceder em nada. Por anos a fio, ele ganhou da Igreja instrumentos e formação para produzir com ela, mas decidiu usá-los para produzir o que lhe parecia melhor. Seu projeto pessoal venceu o projeto da grande comunidade. Nomes não vêm ao caso!

O tempo se encarrega de dizer quem estava certo. Lembremos Teillard de Chardin e Thomas Merton e muitos outros profetas silenciados. Meio século depois, eles continuam fortemente profetas e atuais. Dos que foram embora, alguns criaram novas igrejas; de outros quase nada sobrou. Há o Davi que vence Golias, mas há também o Davi que perde. Talvez porque lutou não contra Golias, mas contra o colo que o formou...

Pregar dói. E a dor maior é da coerência. É dor que dói de um jeito! E existe a incoerência, que também dói, mas de outra maneira.

Instrua-nos a Palavra de Deus...

5

VOCÊ QUER AQUELE MICROFONE?

Você, rapaz ou moça, jovem sacerdote ou religiosa, leigo ou leiga de algum movimento católico, cantor ou cantora, provavelmente já observou os pregadores que falam a multidões. Na televisão, nas praças, nos estádios, nos grandes templos, no rádio, lá estão eles anunciando Jesus, alguns a dizer que Jesus lhes fala, que Jesus os tocou, que foram iluminados, que foram revelados, que têm algo especial a dizer ao mundo de hoje. E há os que dão testemunho das maravilhas que Deus operou em sua vida. É o que mais acontece de uns anos a esta parte.

Há os que nunca receberam revelação alguma, mas citam os livros sagrados com maestria. Falam bonito, levam às lágrimas, curam, convencem. Dominam o palco, as luzes e os microfones. Quando eles pregam, as coisas mudam a seu redor. Homens e mulheres. Alguns deles, jovens ainda.

Se nunca desejou estar lá, talvez não tenha essa vocação de se expor a esse ponto. Se já desejou, talvez, esteja ouvindo algum chamado. Se vai ser famoso, se vai falar para milhões, já é outra história. Tive um amigo que sonhava ser famoso e nunca ficou. Eu nunca sonhei com isso e milhões me conhecem e me ouvem. Isso é mais coisa do céu do que da terra. Há os que sonham, lutam correm atrás e conseguem seu espaço naquele palco, sob aquelas luzes e, hoje, falam a milhões de ouvidos e são vistos por milhões de olhos. A dor do púlpito, se ainda não doeu, vai doer neles em seu devido tempo. Dói o púlpito para quem o procurou e para quem não o buscava. Ninguém que fala para milhões de pessoas sobre o Cristo sai impune de sua pregação. Pergunte aos velhos pregadores da fé. Pagaram o preço da palavra sincera ou fingida que gritaram, das convicções que tinham ou fingiram ter, das curas que realmente existiram e das falsas curas que simplesmente não aconteceram.

Se você é leigo, leiga e sonha se casar, vai precisar pedir a Deus a graça de sua pregação não prejudicar seu casamento, que será a maior pregação de sua vida. Se decidir permanecer solteiro ou solteira, em alguma comunidade, terá de suplicar a graça de ser só sem solidão, porque pessoas carentes demais e sedentas de atenção e cuidados não pregam direito. Se optar pelo celibato na vida religiosa ou no sacerdócio, terá de fazer mais do que ser celibatário. De um pregador ou uma pregadora espera-se desprendimento, desapego, capacidade de dar a vida pelo reino, nenhuma ambição ou ânsia de dinheiro, conforto e riqueza, senso de gratidão, capacidade de partilha, nenhuma busca de primeiro lugar, nenhum desespero por aplausos, fama e holofotes.

Como saberá que você vive uma mística de quem se entregou ao evangelho? Por seu modo de viver com os outros pelos outros, por sua capacidade de perder ou vencer sem prepotência, por seu jeito de estar junto e competir por aquele microfone. Seus bons amigos, se você os tiver e aceitar que falem, poderão lhe dizer se o dinheiro, a fama e a notoriedade estão influenciando seu comportamento. Se não aceita ouvir nem os amigos, então há alguma coisa de profundamente errado em sua busca daquele microfone. Se por causa dele larga sua comunidade, seu grupo a quem deve tudo, seus amigos, e aquele palco, aquele microfone, aquelas luzes tornam-se sua obsessão, então de moderno você não tem nada. Será como o mago Simão e os filhos de Ceva que quiseram, desesperadamente, os dons que Jesus dera aos apóstolos, mas não queriam as consequências.

Quem quer o bem-bom da pregação, mas não quer o despojamento, o desprendimento e a não vaidade daquele ofício, entendeu mal a mística da Palavra. Sirva de reflexão para todos nós que falamos naquele microfone ou diante daquelas câmeras, o que disse Jeremias por volta dos anos 650 a.C:

> Então Javé me disse: "Os profetas profetizam mentiras em meu nome; eu não os enviei, não dei ordem nem falei a eles. Eles vos anunciam visões falsas, oráculos vãos e imposturas de sua mente". Por isso, assim fala Javé: "Os profetas que predizem em meu nome, sem que eu os tenha enviado, e afirmam que não haverá espada e fome neste país, estes profetas perecerão pela espada e pela fome. E os homens aos quais eles profetizam serão lançados pelas ruas de Jerusalém, vítimas da fome e da espada, e ninguém sepultará a eles, suas mulheres, seus filhos e suas filhas. Eu retornarei sobre eles sua maldade" (Jr 14,14-16).

Que não sejam mentirosas as revelações que alguns dos modernos pregadores andam recebendo. Seria muito triste se, ao fim e ao cabo, verificasse-se que criaram essas mensagens para conseguir notoriedade. Jesus os rejeitaria (Mt 7,21-23).

6

VOCÊ NÃO É PROFUNDO

Um adversário meu, defensor de outra espiritualidade na Igreja, que inclusive rejeita o Concílio Vaticano II, os Documentos do Celam e não me admira por nada neste mundo, disse-me uma vez à queima-roupa: "Você parece, mas não é profundo". Sendo ele um doutor, tive de me curvar a sua sabedoria. Pausei um instante e respondi: "Você tem razão. Eu tenho a profundidade de um pires, você, a de um barril. Seu conteúdo é maior do que o meu. Talvez, eu seja um pires de água e você um barril de petróleo, com mais força explosiva do que eu. Pode-se fazer muito mais com um barril de petróleo. Admito que você, com seus títulos, é melhor, mais profundo e maior. Meus amigos, porém, acham que tenho conteúdo. Os que leem meus escritos e ouvem minhas canções apostam em minha profundidade. Dizem que eu os levo muito mais longe em cada reflexão e cada canção. Então deve haver alguma coisa em mim, dada por Deus, que não há em você, e há muita coisa em você, dada por Deus, que não há mim. Por que não nos respeitamos?"

E concluí: "Acho que um pires não deve mesmo competir com um barril de petróleo, mas, quando alguém estiver precisando de um pires de água, eu, talvez, tenha mais a oferecer do que você com toda a sua energia bruta".

Acho que ele entendeu, pois disse: "Você brinca com palavras e comunica melhor do que eu, mas muita coisa que você diz é inaceitável". Respondi, rindo. "Você também. Somos irmãos e você não é obrigado a me admirar. Só espero que me respeite, da mesma forma que não sou obrigado a admirá-lo, mas respeito e admito que você saiba mais do que eu. Eu tenho um púlpito e você tem outro. Usemo-lo com respeito, irmão".

Continuamos amáveis amigos adversários. Ele não consegue entender como é que eu cheguei tão longe com minha comunicação. Nem eu. Se fosse apenas questão de cultura, ele mereceria ser ouvido por 190 milhões de brasileiros. Em minha cabeça, fica a ideia de que é graça de Deus. O dia em que Deus não quiser, imagino que ninguém mais lembrar-se-á de mim. Rios passam, lagoas secam, famosos acabam esquecidos. E isso é que faz a vida o desafio que ela é!

7

PALAVRA DE PREGADOR IMPERFEITO

Reflexão ao pé do púlpito

Tenho consciência de que não sou santo. Deveria ser. Quem não gostar do que digo e, para me desacreditar, quiser achar pecado em mim não precisará procurar muito. Vai achar muitos defeitos. Venha de barril, porque eles enchem mais do que um balde. Venha de caçamba, porque eles enchem mais do que um cesto.

Quem quiser achar valores e virtudes também vai achar alguma coisa útil, mas não venha com incenso e ladainhas de louvor, porque tenho mais medo do incenso do que das críticas. Estas me obrigam a me corrigir; o incenso pode me abobalhar e levar-me a sair por aí pensando que sou mais do que os outros. Falo a tantos, vendi tantos exemplares, sou isso mais aquilo. A fama, o marketing e o incenso já derrubaram muitos construtores de templos: Salomão foi um deles. Tudo sobre ele era superlativo como quase tudo é superlativo sobre quem alguma editora ou gravadora decide transformar em ídolo. Duzentos mil viram rapidamente dois milhões...

Quem decidiu que eu não sirvo para o Reino de Deus e quiser afastar de mim os que me ouvem vai ter centenas de provas. Se quiser, pode ocultar o que fiz e faço de bom, como os fariseus fizeram com Jesus: acharam pecados no que Ele fazia, embora não pudessem negar que ele operava o bem. Acharam-lhe uma parceria com Belzebu (Mt 12,24).

Como Jesus não falava do jeito deles e os contradizia em muitos pontos, decidiram convencer seus seguidores de que Jesus tinha mais de Belzebu do que de Deus (Mc 3,22). Podia até ser bom, mas não era nem saduceu, nem fariseu, nem herodiano, nem dos que tinham voz em Israel... Quem ele achava que era, se não frequentava o círculo do poder? O marketing contra ele foi tão bem urdido que muitos deixaram de ouvi-lo.

Não são poucos os discípulos de pregadores que, encantados com a luz de seu eleito, só consideram santo de verdade quem fala, ora, canta, cospe e dança como eles. São sinceros e há muitos santos entre eles. Mas perderam a perspectiva. Nenhum pregador é tão santo ou tão fiel que basta ouvi-lo para se saber o que pensa a Igreja. Há os radicalmente fechados. Seus ouvidos são de seu pregador e de mais ninguém. Seus olhos, apenas para os livros e as revistas de seu grupo ou de sua recém-criada igreja. Estreitam ao máximo o alcance da graça e da profecia. Filtram tudo. Sai tudo do jeito deles.

* * *

Pode acontecer conosco. Que a pregação não nos encurrale e nos feche a tal ponto que não saibamos mais pregar a todos e do jeito comum a todos, prisioneiros de vocábulos, expressões e palavras comuns apenas a nossa linha de espiritualidade. Aí já deixa de ser espiritualidade eclesial. Vira gueto e redoma.

Demos tempo ao tempo e veremos se o problema está em nós ou nos outros que não nos acompanham em nosso chamado mais do que especial!

Leio Pedro e Paulo! Um deles chorou amargamente seu erro (Mt 26,75) e o outro disse, com clareza, que era o menor dos apóstolos porque perseguira a Igreja de Deus (1Cor

15,9). Mas apóstolos eram e apóstolos permaneceram! Jesus os modelou e remodelou. Deixaram-se tocar e retocar. Piloto que não corrige o curso depois dos ventos não chega. Quem acha que não precisa corrigir-se continuamente não suba os degraus do púlpito nem os do altar!

8

O MITO DA IGREJA EFICAZ

Foi Aristóteles que estabeleceu a distinção *mathein-pathein*. Segundo ele, pessoas iam ao culto não para *mathein* (aprender), mas sim para *pathein*, (experimentar) o mistério. Não faltam pregadores que o ofereçam todos os dias e quando o fiel quiser. – Sinta Jesus! Venha lá, que coisas acontecerão. Eles até o anunciam no rádio e na televisão. Não dizem: "Venha orar!", dizem: "Venha ver!"

A maioria dos pregadores e fiéis situa-se entre o compreender e o sentir. Bifurca-se nas duas direções. Os fiéis que preferem sentir a fé, fechar os olhos, emocionar-se e transportar-se para um outro plano buscam pregadores que acentuam o tocar e o sentir Deus, ou os que falam do Deus, que nos toca e nos sopra aos ouvidos. Sua mensagem é a de Deus aqui, agora, acontecendo e agindo. Não estão errados, exceto quando exageram e vulgarizam o milagre e o prodígio, como se ele acontecesse a cada hora, apenas quando eles se reúnem, em hora marcada e a cada clamor da assembleia.

Os fiéis que preferem o entender, captar e compreender acentuam o coração que deseja saber mais, mesmo que não sintam Deus. Crer não é nem saber nem sentir, mas pode ser a busca humilde e consciente de maior conhecimento ou de maior experiência de Deus.

Não está errado quem dá a Deus seu intelecto. Está errado quem o nega ou exagera o poder da razão, como está errado quem abusa da emoção, e a manipula, e provoca com técnicas mais do que conhecidas entre os pregadores. Nesse pecado incorrem os pregadores imediatistas que usam e abusam de gestos e técnicas para emocionar e extasiar seus ouvintes. Religião é muito mais do que isso!

***

Deus "pode estar" no êxtase, mas nem sempre está. Não é preciso flutuar e chorar para conseguir um encontro com Deus. Emocionar-se não é prova de contato com Deus. Há emoções falsas, provocadas e fora de contexto e de propósito. Servem ao pregador inteligente, esperto e manipulador que quer ver lágrimas, mas nem sempre serve à causa do Reino de Deus. Se a emoção, o êxtase ou a oração em línguas estranhas acontecer, não seja truque de pregador esperto que manipula o sentimento dos fiéis com milagres forjados, testemunhos encomendados, voz embargada e os velhos truques de câmera e microfone, que dão a impressão de que coisas extraordinárias acontecem naquele lugar.

Aconteceu nos Estados Unidos, mas poderia ter sido aqui. Um pregador chamou para o palco, onde pregava e prometia milagres, uma menina de quinze anos que visivelmente sofria de câncer. Abraçou-a e beijou-a diante do povo, falou do câncer que levou sua irmã, de Lázaro, da menina que Jesus ressuscitou. Pediu que orassem fortemente pela cura dela. O povo chorava a cada palavra do inspirado pregador. Mas estava lá um conhecido que foi ao camarim e lembrou-lhe de que ele, o pregador, mentira para emocionar o povo, pois tivera uma vizinha e não uma irmã com câncer. Além disso, lembrou que o hospital que tratou sua vizinha pediu uma ajuda e ele se negara a dar. Chamou-o de fraude. Puseram o rapaz para fora aos gritos. Mas, como sua pregação era eficaz e não poderia ser prejudicada, prevaleceram a mentira e o marketing, e o amigo que ousou enfrentá-lo passou a ser o chato, o mau, o perseguidor do santo pregador. Não é um fato incomum. O efeito tem de ser mantido, mesmo que venha da mentira.

***

É bem mais honesto e humilde o pregador que sabe e afirma que naquele dia não houve curas nem milagres e Deus não deu nenhum sinal de sua presença para aquela assembleia. A pregação não suscitou senão desejo de orar! E já é muito para um pregador!

O bonito seria ele e a assembleia, mesmo assim, proclamarem sua fé no Deus, que naquele dia não tocou ninguém... Não é o que se vê nos templos, encontros, congressos, no rádio e na televisão de agora. Força-se a barra! Alguns pregadores chegam a dar murros na mesa com lágrimas e grande clamor, exigindo que Deus aja porque ele prometeu... Tenho gravadas tais cenas. Chega a ser deprimente. Isaías e Jeremias soltariam seu verbo como fez Jeremias em 14,14 e no capítulo 23. Jesus repetiria o que disse em Mateus 24,24-26: Não acreditem neles...

***

Entramos aqui no mito da Igreja de resultados, da Igreja eficaz, onde tudo acontece como foi previsto e anunciado. O pregador disse que, no domingo à tarde, às 15 horas, haveria curas, e houve. Mas que curas? Deus seguiu o relógio e o script do pregador? E quando não houve o milagre? O pregador admitiu que naquele dia Deus não agiu naquele templo? Ou Deus tem de agir porque foi anunciado no rádio e na televisão, e o pregador e sua Igreja não podem falhar?

É o que tem acontecido. O que foi anunciado acontece, quer Deus queira ou não! Até ressurreições de defuntos que estrategicamente morreram bem ali ou vieram trazidos em caixão, de um outro bairro já se viu... Naquela tarde haveria ressurreição, e, para haver ressurreição, teria de haver algum morto! Tenho as gravações porque as três ressurreições foram irradiadas em um dia 15 de abril. O Papa estava morto em Roma, o mundo a prestar-lhe homenagem e, naquela igreja, três mortos ressuscitavam pelas preces do pregador que, depois, reclamou que os jornalistas falavam do papa morto e não dos fiéis ressuscitados em seu culto! Grave! Gravíssimo!

As Igrejas que fazem coisas acontecerem, chamo-as de "Igrejas do Nó Górdio". A lenda grega que envolveu personagens mitológicos e um imperador mitificado serve bem para nossa reflexão. Um tal de Górdio, que era um carroceiro comum, tornou-se rei ao ter descoberto uma fortuna. Ele teria amarrado seu veículo de tal maneira que, no futuro, quem desatasse aquele nó seria senhor de metade do mundo. Diz a lenda que muitos tentaram desfazer o nó de Górdio, mas foi sem resultado.

Chegou então o jovem e criativo Alexandre, filho do rei Felipe da Macedônia. Alexandre era aquele herdeiro que, mais tarde, tornar-se-ia Alexandre o Grande, senhor de metade do mundo e morreria aos 33 anos, segundo se afirma, de excesso de bebida ou por envenenamento. Era um sujeito de resultados e um político eficaz!

Em uma sutil distinção entre "desfazer e desatar" o nó, ele, mais que depressa, resolveu a questão. Puxou da espada e o desfez em um só golpe. Não desatou: desfez! O nó acabou, mas a corda não serviu para mais nada. O herói imediatista solucionou um problema e criou outro, como, aliás, fazem-no muitos políticos e pregadores da doutrina ou da fé que resolvem tudo.

O mito da eficácia é bem esse. Vimos seu resultado na quebradeira geral de bancos no ano 2008. Foi quando eles precisaram do socorro dos governos, perdurando anos a situação, porque acreditaram demais na eficiência econômica, nas bolsas, nas commodities, no preço futuro, no marketing e no sucesso financeiro. Um dia, o barril de petróleo estava quase 150 dólares e, dias depois, estava cerca de 40. Que cômodo! Que commodity!

Quando ouço e vejo pregadores prometendo sucesso financeiro, progresso, primeiros lugares, casas, lojas e carros aos fiéis que oram e pagam o dízimo, penso em Alexandre Magno. Ele desfez um nó, mas nem por isso resolveu a questão. Resolveu-a para si, não para o mundo! Foi solução egoísta. Achou o jeitinho, não a solução.

***

Jesus é mais adiante, muito além daquela caixa registradora, da prece atendida na mesma noite, da muleta e dos óculos que são jogados no palco. Há um depois que valeria a pena conhecer anos depois, para ver se, de fato, foi pregação eficaz.

Pelo menos em nossa Igreja católica está claro, nos documentos sobre a formação do presbítero, do catequista e do pregador, que não se deve brincar de exorcismo, de milagres e muito menos prometer as graças que o fiel espera. Nossa pregação de fé passa infalivelmente pela esperança (Rm 15,13) e pelo "seja feita a vossa vontade" (Lc 22,42). É altamente suspeito dizer que há um demônio agindo na assembleia, em uma senhora de traje claro, sem mostrar quem é a pessoa vitimada por ele. Um pregador que canta o ovo antes da hora pode acabar com cara de tacho! O propalado milagre, que até ganhou cobertura na mídia, não tinha acontecido! Pediu desculpas? Não! Nem pedirá, porque perderia sua aura!

***

Você que prega a Palavra não prometa milagres. Prometa apenas o que Deus prometeu: verdade, que liberta, um Pai que não nos esquece e não esquecerá quem o invocar. Mas o tempo, o gesto e a decisão de curar ou mudar aquela vida só a Deus pertencem.

Muito cuidado com a pregação de resultados. Não entre nesse esquema. Pode acabar em charlatanismo. Espere acontecer e também o veredicto da Igreja! Ela tem mais discernimento que um profeta só!

9

ANUNCIADORES DO MISTÉRIO

Isaac Newton, cientista que se rebelou contra a pregação do mistério, da maneira como se fazia em seu tempo, queria expurgar o cristianismo do miraculoso. Não que ele fosse contra a mística. Era contra o misticismo. Disse ele: *Em se tratando de religião, é próprio da parte agitada e supersticiosa da humanidade gostar de mistérios e, por este motivo, gostar mais do que menos entende.*

Se é verdade que ele e outros, como Tindal e Toland (1696: *Cristianismo Sem Mistério),* achavam possível uma religião sem o enfoque exagerado no mistério, porque nem a vida nem a fé devem ser somente isso, se é verdade que foram longe em sua ousadia, não é menos verdade que muitos pregadores os ultrapassam em sua ousadia de dizer que entendem do mistério que anunciam. Prova disso é a linguagem de certeza que alguns usam e os sinais que outros criam.

Deus quer, Deus me diz agora, Jesus me revelou esta semana, medalhas comigo ninguém pode, fita de proteção, água perfumada de Santo Antônio, água santificada do Rio Jordão, óleo santo de Jerusalém... O problema não é o sinal, mas a garantia que vem com ele e a falsa certeza que alguns pregadores dão aos fiéis de que, pagando o dízimo, bebendo daquela água, comprando aquele produto ou estando lá, destrincharão o mistério e obterão as graças e as respostas que procuram. Isso é oferecer mediação eficaz.

Não cabe a nenhum pregador explicar mistérios, até porque nem ele mesmo os entende. Por isso são mistérios. Cabe, sim, trazê-los para mais perto do fiel ou levá-lo mais perto deles. Contudo uma coisa é chegar mais perto da árvore rara ou da montanha, outra é tocá-las ou levá-las consigo. Chegar perto e até roçar o mistério não é o mesmo que destrinchá-lo e fazê-lo funcionar em favor de quem cumpriu determinadas funções. Aí se pula da busca de *mathein* (aprender) para *pathein* (experimentar); da compreensão para a mágica, da esperança para o imediatismo, do *compreenda e aprofunde* para o *sinta, pegue e leve um pedaço*. É a "amuletização" da fé. No fundo é o que dizem: *Aqui você pode tocar o mistério...*

Em vez de serem apenas sinais, os objetos se tornam amuletos. Por isso usam os escapulários milagrosos, os rosários infalíveis, as medalhas milagrosas, as águas perfumadas... Se permanecessem apenas sinais, seriam ótimos instrumentos pedagógicos: cruz para lembrar como Jesus morreu por nós; escapulário para lembrar Maria em um lugar de prece chamado Carmelo; medalhas para lembrar os santos ou alguns momentos da fé católica.

A partir do momento em que o pregador cede à tentação do povo e faz da imagem um amuleto, pior ainda, quando ele mesmo é uma coleção de badulaques e amuletos, perdem-se de vista o símbolo e o sinal. Amuletos não levam ao mistério, símbolos, sim! É mau negócio espiritual trocar um símbolo por um amuleto.

Newton se insurgia com a excessiva miraculização da fé que acabava em "amuletização". Milagres demais, promessas excessivas de milagres, leituras falsas de milagres, objetos com demasiadas garantias de efeito espiritual, tudo isso quase sempre por um preço acessível ou com promessas de recompensa no céu.

O exagero está em quase todas as religiões. Prendem-se a pregadores e grupos, mais do que a toda a Igreja ou todo o movimento. Se fosse maneira de ajudar a pensar e de chegar mais perto do inefável, do intocável, do indefinível, seria ótimo, porque é essa a função do pregador: levar o fiel para mais perto do mistério ou trazer o mistério para mais perto do fiel. Ele poderá até não entender, mas estará bem mais próximo do que procura. Deus está naquele lugar como está em toda parte, mas não está apenas ali. O mistério não é aquele objeto. No máximo o objeto pode apontar em sua direção.

Por isso e por outras razões, a Igreja católica não vê a eucaristia como símbolo. Para ela a eucaristia não aponta para: ela é o mistério. Jesus está ali. Em se tratando das imagens, pinturas, esculturas e medalhas, a Igreja é clara: são símbolos, sinais e objetos; Jesus não é isso. Apontam para Ele, mas não o são. A cruz não era e não é Jesus, Ele é mais. A imagem aponta para Maria, mas não é Maria. Falar da imagem, como se ela fosse "a santinha", é correr o risco do amuleto. A imagem não é a santinha, é imagem da grande santa!

Newton acusava alguns de gostarem mais daquilo que não entendem, quase sempre, afobada e apressadamente, atribuindo mais valor aos sinais do que ao mistério: amuletizam, atribuem poder ao que Deus não deu poder. Pior ainda, quando alguém diz que o objeto que vende foi abençoado por Deus... engana-se e engana os fiéis. Beber da água do Rio Jordão com fé não torna a água sagrada. Benzer a água não a faz miraculosa, apenas a consagra a Deus. Do milagre Deus cuida. Não foi o manto de Jesus, mas a fé que curou aquela mulher. O manto de Jesus não era miraculoso, sim sagrado por estar nele, pois Jesus mesmo se encarregou de dizer que não foi nem ele nem o toque, mas a fé que chamou o milagre. A "amuletização" atribui poder ao objeto; a fé transforma a pessoa que toca e não o objeto tocado. Ele continua o mesmo objeto. A pessoa, porém, ou se converte, muda de vida, ou fica mais perto do mistério.

É mais coerente aplicar do que explicar um texto. Aplicar seria trazer para mais perto do cotidiano. Explicar é bem mais difícil. Impossível até! A maioria dos explicadores mais complicam ou simplificam do que explicam. Pregadores são chamados a aproximar os fiéis de algum mistério, mais do que explicá-lo, até porque nem eles mesmos o entendem. Se o explicassem não seria mistério. Mistério que qualquer A+B = C resolve, não é mistério.

10

GRANDE MARKETING PARA CATEQUESE PEQUENA

Os termos poderiam ser depreciativos se não fossem expressões semelhantes encontradas em documentos da Igreja. A catequese já foi chamada de catequese de badulaques, lantejoulas, miçangas e paetês, catequese light, festiva, arroz de festa, individualista, personalista, seletiva, superficial, parcial, sem lastro, fora de foco. Nada disso, porém, tocou os que a praticam. Não acham que é com eles. Prosseguem impávidos em sua catequese poderosamente pessoal e sem abrangência, porque não acham que qualquer irmão na fé tenha o direito de lhes dizer que não estão evangelizando corretamente nem dando a seus ouvintes, telespectadores e leitores, a doutrina abrangente da fé. Seu enfoque parcial e pessoal é de tal monta que falta sempre uma parte essencial da Bíblia, do catecismo e dos documentos oficiais da Igreja. Não a aceitam ou não sintonizam com ela, então omitem. A maioria gosta imensamente de falar de si e de dar testemunho da própria conversão e do próprio encontro com Deus. Isso entre nós e entre todas as Igrejas. Falam mais dos santos vivos do que dos santos já salvos e na glória. Desejam, com isso, mostrar que o céu já começou aqui, entre eles. Afunilam a doutrina dos salvos e dos santos, que sempre acaba apontando para seu grupo ou para sua nova Igreja. Exemplo disso são as preces por rádio e televisão de agora. O pregador sugere que os fiéis mandem pedidos de oração para a intercessão dos irmãos. Consciente ou inconscientemente, diz o pregador *"Eu vou orar por você"*. Não é mais a Igreja que intercede, é ele, o mais novo intercessor, e seu nome brilha nos céus de mais uma nova Igreja. É maior o marketing pregador-intercessor do que da Igreja. Ele então distribui ou vende CDs, medalhas *comigo ninguém pode*, ou *moedas consagradas*, óleo de Jerusalém, vidros com água do Rio Jordão.

Dá-se o mesmo com os autores de textos ou canções. Não é incomum perceber que autores musiquem a parte de louvor de um salmo e omitam a parte sociopolítica. Um exemplo seria o salmo 35. De seus 28 versículos, selecionam os números 10 e o 28. Ignoram os outros 26 que não são de louvor e que clamam por justiça. Do salmo 31, que tem 25 versículos, escolhem do 1 ao 4 e do 20 ao 25, os outros 16, por serem contundentes demais, são omitidos. Fazem o mesmo com as encíclicas, profecias e os documentos da Igreja. Divulgam o que os agrada e omitem os textos de conotação que os desagradam. Se o Papa fala do social e do político, como na *Sollicitudo Rei Socialis*, eles não divulgam, mas uma encíclica sobre a Eucaristia, sim, essa eles comentam!

Isso do lado dos que não aceitam a pregação de justiça e direitos humanos como faziam os profetas. Preferem não entrar em controvérsias sociais ou políticas; isso chamam de Igreja light.

Há o lado pesado, revolucionário, transformador, *heavy*, provocador e nitidamente político, que prefere a denúncia política. Desse lado há os compositores ou pregadores que omitem o louvor e ficam com as passagens fortes de Isaías, Amós, Oseias, Jeremias e dos evangelhos. Também são parciais e também omitem a abrangência. Focam no político. Parecem profundos, mas, por omitirem a oração pessoal e o diálogo com Deus, também são superficiais. Flutuam na política partidária, não escondendo de ninguém.

E há os que passeiam na poesia, no suave, no jogo bonito de palavras encantadoras, próprias de livros de autoajuda, hoje tão comuns nas estantes de aeroporto e rodoviárias, com supervalorização do indivíduo e mil conselhos que não se deixem cercear por nada nem ninguém. Deus os criou livres de cadeias, amarras ou barreiras. Dizem: "Busquem sua felicidade pessoal e personalista, custe o que custar". Vale o "eu" da pessoa, e, se ela quiser, vai cooperar, mas primeiro ela e sua realização pessoal. Oferecem a chave do sucesso pessoal. A proposta de salvar a individualidade, esmagada por um mundo massificador, naufraga em um crasso de individualismo narcisista de quem se ama acima de tudo e de todos.

Tudo isso é catequese festiva e arroz de festa. Jogam-se flores, arroz, confetes na pessoa, e não se exige dela nenhuma renúncia em favor de seu povo ou de sua igreja. Se algo a incomodar, ela deve buscar outro grupo, outro movimento, outro espaço. Negam-se a pregar a abrangência. Fixam-se no que lhes agrada. Renunciar as riquezas, o sucesso e dinheiro para quê? Deus nos quer felizes, com sucesso e, se possível, com conforto e dinheiro! É o que ensinam. O número de seguidores deles aumenta de maneira impressionante. Nos tempos de sucesso do nazismo e do comunismo, as adesões às ideias de vitória do coletivo também eram esmagadoras. Depois que o coletivismo começou a esmagar indivíduos e liberdades, a reação veio lenta, mas veio. Os pregadores da felicidade coletiva perderam o discurso e o poder.

Hoje, o individualismo parece estar no trono. Mas já se começa a falar do adolescente individualista tirano, do indivíduo tirano, do pregador individualizante, individualista e personalista em excesso. Ouviremos isso cada vez mais porque se tornou pregação diária de mídia: *Você e Deus, Deus e você, você e você, primeiro você e depois os outros, seu sucesso, sua vitória, o crente vencedor.* Onde há "eu demais", há cada vez menos renúncias e cada vez menos Deus, família, religião e povo.

Um professor de pedagogia da fé, em um curso intensivo de catequese, deu liberdade a seus alunos, jovens e adultos, para escolherem, entre os salmos 31 ao 45, três deles com os quais mais se identificassem e os reescrevessem em uma linguagem do Brasil de hoje.

A partir das escolhas, percebeu qual a formação catequética e espiritual pregressa dos alunos. Alguns desses salmos são de louvor, outros fortemente pessoais e outros nitidamente políticos.

Um grupo escolheu os salmos com maior carga de louvor, outro os que os tocavam como indivíduos e outro os que tinham a ver com o coletivo e com a dor da nação. O professor, então, pautou seu curso na pedagogia da fé. Discorreu sobre *mathein* (aprender) e *pathein* (experimentar), explicando o que um fiel procura nos templos, nos púlpitos, nos livros santos e na pregação de seus sacerdotes.

Rejeitam abertamente, entram em franca competição com outros cantores e outras canções ou mostram desinteresse por canções de outra linha e de outra proposta católica. Cantam só aqueles cantos. Não aceitam nem mesmo ensaiar outros. Aderem até sem questionar a pregação com a qual se identificam. **Não é busca da verdade, mas da verdade que lhe serve.**

Foi mais longe o professor. Provocou dois debates sobre o texto de Paulo, 2ª Timóteo, 4,1-5, os capítulos 23 de Jeremias e de Mateus, e o texto de Mateus 7,15 a 26. Alguns alunos prontamente aplicaram os elogios a si mesmos e a seu grupo e movimento e dirigiram as denúncias ao grupo do qual discordavam. Nenhuma daquelas admoestações se aplicava a eles.

A esse tipo de fiel a Igreja classifica como superficial, evasivo, arroz de festa, festivo. Não acha que deva mudar em nada e que não tem nada a aprender com o resto dos irmãos, porque está no grupo certo, com os sacerdotes certos, na linha pastoral certa e nada mudará seu rumo.

Isso não é de agora. Vem de longe! Alguns grupos se afastaram da Igreja e se constituíram em nova Igreja cristã com outro enfoque, por sentirem que haviam ido mais longe do que sua Igreja e sua hierarquia. Tinham dado um passo além. Não era mais possível ser católicos. Voltar atrás não era possível. Remar seu bote de volta à barca de Pedro, nunca! A barca de Pedro é que tinha sido desviada pelos Papas e por uma hierarquia infiel à Palavra de Deus. Que a barca desse meia-volta e os seguisse, não eles! Deus falara com eles e lhes dissera que o caminho certo era o deles, não o da maioria. Afinal, estavam crescendo vertiginosamente e, um dia, eles seriam maioria! A Igreja continua, e a maioria deles praticamente acabou.

Quem ler a História do Cristianismo verá, de tempos em tempos, movimentos semelhantes. Voltaram atrás, morreram ou tornaram-se Igrejas dissidentes. Tudo por causa de uma catequese em que os pregadores escolhiam cuidadosamente alguns temas essenciais para eles e não para toda a Igreja. Pregavam aqueles temas e não as outras doutrinas.

O leitor deve procurar conhecer os donatistas, os montanistas, os eutiquianos, os arianos, o apolinarismo, os jansenistas, os nestorianos, os luteranos, os anglicanos. Não se julgue nem os católicos de hoje, nem os anglicanos, nem os luteranos de agora. Muitos, sensatos e cristãos sinceros, discordam da maneira como se conduziram aqueles embates, porque, em muitos casos, houve motivação política. Em outros, convicção espiritual. Mas em todos ficou difícil caminhar juntos, porque as ênfases não eram as mesmas.

Naqueles dias nem todos eram arroz de festa nem todos o são hoje. Há gente sincera, que busca mais profundidade espiritual. Muitos eram e são exatamente o que sugere o título deste tema: vítimas de marketing errado da fé, fiéis arroz de festa. Naquele tempo crer era uma festa só. O Reino de Deus finalmente havia chegado! Assim foi, até que doeu a encruzilhada, o questionamento dos irmãos, o impasse interno e externo, a necessidade de voltar atrás e retratar-se ou prosseguir até as últimas consequências.

Jim Jones, que matou em nome de sua nova Igreja, não foi o único nem será, talvez, o último. Outros também usaram de violência em nome da pureza de sua fé. Um dia, os templos se esvaziam e os adeptos rareiam. Naquele dia, saber-se-á se aquele irresistível auê foi obra de Deus ou de marketing bem-feito! A resposta está com Jesus que disse aos que achavam ter achado a verdade mais pura e mais verdadeira:

> É portanto por seus frutos que os reconhecereis. Nem todo aquele que me diz: "Senhor, Senhor!" entrará no Reino dos Céus; mas sim aquele que faz a vontade de meu Pai, que está nos céus. Muitos vão dizer-me naquele dia: "Senhor, Senhor, não foi em teu nome que pregamos? Não foi em teu nome que expulsamos demônios? Não fizemos muitos milagres em teu nome?" Então, eu lhes direi: "Não vos conheço! Afastai-vos de mim, vós que praticais a iniquidade!" (Mt 7,20-23).

11

CRISTO AOS PEDAÇOS

Falemos de pregadores e púlpitos parcializantes.

Não querem Jesus, querem a parte suave de Jesus.

Não querem o Cristo, querem a parte agradável do Cristo.

Não querem a cruz, querem a parte menos dolorosa da cruz.

Não querem o manto, querem a parte mais bonita.

Não querem a Bíblia, querem parte dela: a que prova que estão certos.

Assim agem muitos cristãos. Assim talvez ajamos nós.

Alguns cristãos continuam querendo
o melhor lado do trono,
o primeiro lugar,
o lugar do vencedor,
o melhor lugar à mesa de Deus e das autoridades,
o lugar mais visível do púlpito e do altar,
o melhor som e os melhores holofotes,
a melhor divulgação, mesmo que seu produto não seja lá tão eclesial,
alguma badalada a mais do sino que toca para sua chegada,
uns segundos a mais de aplausos
ou algum balanço a mais do turíbulo.

O perigo ronda todos nós que lidamos com a mídia e com a multidão. E há quem, como Simão, o Mago (At 8,9-

24), faz qualquer coisa para ser chamado de apóstolo ou de profeta. Paga seu caminho pela mídia, sabendo que, se não o fizer, ninguém o chamará. Então ele paga, chama-se e se projeta.

Se não tomarmos cuidado, aparecer em nome da religião poderá tornar-se, sem nos darmos conta, uma obsessão e doença: acabamos comendo, bebendo e dormindo publicidade em nome da fé, pensando que é virtude. Pode parecer zelo, mas não é. Há um ponto em que o anúncio da fé, que até então era coisa de missionário desapegado, transforma-se em coisa de fanático ou em alta fonte de lucro; depende do conteúdo, da obsessão e da ênfase que dá ao que anuncia. É tentação corrente em todas as Igrejas.

Até que cifra se pode cobrar pela Palavra? Pode o empresário cobrar duas vezes a mais que o pregador? Até que ponto se pode arrecadar e quanto a arrecadação é demais? Quando o pregador começa a falar sempre na primeira pessoa e deixa claro que não ouvirá ninguém mais senão a Deus, estamos diante não de um santo, mas de um obcecado. Ele não consegue mais anunciar o Cristo sem, primeiro, anunciar-se longamente.

Quando o pregador gosta muito de falar de si mesmo, de contar suas histórias pessoais e de dizer que Jesus lhe disse ou está lhe dizendo alguma coisa, convém que os amigos o alertem, se é que ele ainda ouve algum amigo.

Serve para mim, para os outros, serve para nós que subimos ao púlpito. Se insistirmos em ficar apenas com a parte que nos interessa, nossa Bíblia encolherá, porque o cérebro já se encolheu! Enquanto não entendermos que aquele livro também fala contra nós, não o teremos entendido.

Jesus deixa claro que cobrará mais de quem diz que sabe mais sobre Ele (Mc 12,40) (Mt 24,24-26)! Disse que não reconhecerá quem na terra contou vantagem, fingiu ser seu confidente e quem serviu-se de seu nome em vez de servir seu nome (Mt 24,5) (Mt 7,15-23). Essas pessoas não merecem confiança.

Procura-se urgentemente uma ascese e uma sólida teologia da comunicação! Deveria ser matéria obrigatória em todos os seminários e cursos de catequese!

12

ORDENADO PARA O SEGUNDO POSTO

Repenso as palavras do bispo que me ordenou para ir e aceitar ser secundário. Ele estava certo! Sacerdócio não é carreira, é serviço. É caminho, não é corrida. É entrega, não é disputa. Ser pregador para ser famoso é uma das escolhas mais viciadas da fé. É a negação da fé. Se o pregador ficar famoso terá de aprender, quantas vezes for preciso, que, um dia, a fama passa, o sacerdócio, não! Famoso talvez por algum tempo, mas sacerdote para sempre, segundo a Ordem de Melquisedec (1Sm 2,35; Hb 7,3; Sl 110,4).

Ser sacerdote é saber elogiar o outro que sabe mais, que fez mais e tem mais a oferecer. É discordar, se preciso, mas com amor e respeito. É não querer nunca o posto dado ao outro. É estar disposto a ser o último a ser salvo, caso o avião caia no mar ou o navio afunde. É dar a vida pelo povo e colocá-lo em primeiro lugar. Mesmo tendo o que dizer, é dar o posto ao colega que, desesperado por espaço, quer muito falar. É ceder o púlpito àquele que vem com sede enorme de falar, mesmo que saiba menos e esteja menos informado.

Ser sacerdote, caso cante, é cantar apenas uma canção ou até nem mesmo cantar, ainda que tenha tantas canções a oferecer e tenha sido o convidado principal, caso os promotores dos outros tenham dado um jeito de colocá-los ali, antes e por mais tempo.

Ser sacerdote é ser segundo, depois, último, perdedor se for preciso! Essa doutrina contrasta com o que ouço no rádio e vejo na televisão atualmente, por parte dos que passam aos fiéis a ideia de que cristão precisa vencer, de que o primeiro lugar lhe está reservado, de que Deus deu àquela Igreja o domínio, de que os que seguem Jesus se apossarão do que lhes pertence, tomarão posse do primeiro lugar e do melhor posto em nome de Jesus.

Gravo tais pregações de líderes venerados e seguidos pela massa fervorosa e me espanto. Será que ninguém percebe onde isso vai dar? Jesus realmente ensinou essas coisas ou eles, capitalisticamente, egotistas, pragmatistas, transformaram a fé em uma corrida olímpica na qual vence o mais esperto, o que mais grita, o que mais dinheiro recolhe e mais investe na mídia? A fé virou consequência de um bom marketing? Não vale o que disse Jesus a respeito dos pequenos e do pequeno rebanho?

Conheço todos os textos que eles citam. Falam da necessidade de subir ao telhado e pregar de um lugar mais eminente (Mt 10,27). Estranho que não citam as outras passagens, nas quais Jesus propõe o contrário e manda não aparecer, não buscar aplausos, não mostrar que jejuou, não orar aos gritos nas esquinas para parecer santo, não contar o milagre, não divulgar, não dar testemunho do milagre recebido, não se gabar de ter pagado o dízimo, calar-se, orar a portas fechadas, procurar os últimos assentos, não querer o lugar dos outros, declarar-se servo inútil que não fez mais que seu dever. Estranhamente não os vejo ensinar essa mística.

Eu venho depois. Fui ordenado para ser segundo e não aparecer. Se tiver de aparecer, seja por convite ou ordem dos organizadores. Se pararem de me convidar, tenho mais o que fazer lá, para onde for enviado. Não devo pedir que me chamem. Se for chamado, quero o espaço que me compete, mas, se houver disputa clara e visível por ele, cederei a quem acha que precisa demais daquele público. Exibir-se, com o tempo, vira enfermidade.

Não vejo com bons olhos dentro das igrejas essa disputa por palcos e pelo primeiro lugar como se fosse uma bênção merecida e um prêmio a quem foi fiel. A julgar pela doutrina que está em Mt 20,8-16 e Mt 10,42-45, Jesus diz que não é assim.

Mt 20,8-16:

> "Ao cair da tarde, o dono da vinha falou a seu administrador: 'Chama os trabalhadores e paga-lhes o salário, começando dos últimos até os primeiros'. Chegaram os das cinco horas da tarde, e cada um recebeu um denário. Chegada a vez dos primeiros, eles pensaram que iriam receber mais. Mas receberam também um denário. Ao recebê-lo, reclamavam contra o fazendeiro, dizendo: 'Esses últimos trabalharam apenas uma hora, e dás a eles a mesma quantia que a nós que carregamos o peso do dia e do calor'. Respondeu o fazendeiro a um deles: 'Meu amigo, eu não estou sendo injusto contigo. Não combinaste comigo um denário? Toma o que é teu e vai. A esse último quero dar o mesmo que a ti. Não tenho o direito de fazer com meu dinheiro o que eu quiser? Ou tens inveja porque eu sou bom?' Assim, os últimos serão os primeiros e os primeiros serão os últimos".

Mc 10,42-45:

> "Chamando-os, Jesus lhes disse: 'Sabeis que aqueles que são reconhecidos como chefes das nações as dominam e que seus líderes as tiranizam. Mas entre vós não deve acontecer isso. Ao contrário, quem quiser tornar-se grande entre vós será vosso servo; e aquele que quiser ser o

primeiro entre vós seja o escravo de todos. Pois o próprio Filho do homem não veio para ser servido, mas para servir e dar a vida para resgatar a multidão'".

Releio Paulo a Timóteo e percebo como ele é duro contra pregadores que buscam o primeiro lugar: "Por se terem desviado dessa linha, alguns se extraviaram em uma inútil discussão, pretendendo ser doutores da lei, mas não sabem o que estão dizendo nem o que estão defendendo" (1Tm 1,6-7).

O outro, os outros, o povo, os servidores antes de nós! Francisco entendeu. Colocou-se depois e dizia ao Senhor: "Que queres que eu faça?" Foi ao Papa pedir ser pobre e último e, mesmo não tendo bens para se estabelecer, criou uma comunidade de louvor e de serviço. E, quando alguém quis seu lugar, ele cedeu. Dizem os franciscanos, embora alguns questionem a narrativa, que aquele que disputou o primeiro lugar com Francisco e o venceu, mais tarde, abandonou tudo e foi embora.

13

EU DEMAIS NA IGREJA

Em um mundo onde o "eu" parece dominar todos os escalões da vida pública, social e religiosa, vale a pena repassar estes conceitos: "Eu vim depois". "Há gente melhor do que eu". "Se me chamarem, irei com muito prazer, mas não farei propaganda de meus talentos, nem distribuirei cartões para que me convidem." "Se minhas obras não falarem por si mesmas, talvez não mereçam ser divulgadas."

Tenho outra ideia de marketing da fé. Se notarem, eu conto, se não notarem, não forçarei o caminho da mensagem que o Senhor me deu. Jesus disse para irmos falar dele e evangelizar. Paulo foi e evangelizou, mas não deixou de lembrar que era o último dos apóstolos! O evangelho de Marcos, discípulo de Pedro, é o que mais conta os erros de Pedro. Os apóstolos nunca esqueceram. Alguns anos depois, acabara a disputa pelo primeiro lugar. Tinham finalmente amadurecido e entendido o que era servir o Reino de Deus!

Não tem sido assim entre os cristãos que falam na mídia. Entre eles reina uma clara competição por canais, espaço, dízimo e contribuintes, às vezes, dentro da mesma Igreja. Alguns encontram enorme dificuldade de repartir o palco com alguém que não ora de seu jeito. A palavra "irmão" se prende na garganta deles quando diante de um pregador ou cantor que não frequenta seus cultos ou suas noites de oração. Talvez falte mística aos outros. Talvez falte a eles!

14

HÁ PERIGO NA MÍDIA

Maravilhosa por alguns ângulos, por outros, ela é cavilosa. Quando se juntam mídia fácil e superficial com espetáculos superficiais e com religião superficial, o que sobra é lagoa rasa. Quem mergulhar sairá esfolado.

Um perpassar e um girar de canais mostrarão, com raras exceções, desfiles de mulheres bonitas, mas sem profundidade, novelas e histórias de violência e agressão sem o cuidado de mostrar seus efeitos devastadores; o espetáculo pelo espetáculo. Há doutrinas sérias, mensagens sérias e gente séria, mas tudo aparece no meio de cenas, conversas e shows de superficialidade que assustam. É como ter de procurar pedras preciosas em um mar de cascalhos.

Escolher o apresentador, o artista, o pregador, a cantora, é sinal de maturidade. Saber desligar e mudar de canal é sabedoria. Quem deseja comprar cultura não vai ao açougue. Quem quer religião não se liga em qualquer pregador.

15

LINGUAGENS E ATITUDES

Conta-se uma história verídica, que, omitindo lugares e nomes, poderia também acontecer entre nós. É falado do poder da mídia na vida e na mente do pregador, mais do que do poder do pregador na mídia em que atua.

Nos anos 70, no *Middle-East* americano, um pregador católico, sacerdote jovem de vastos recursos, notabilizou-se por seus programas de rádio que chegavam a milhões de lares. Em um conflito entre ele, que tinha dons e talentos, e sua ordem, que se opunha a sua presença no rádio além das fronteiras da diocese, vencera ele. Deixou a ordem e instalou-se em uma diocese que o aceitou.

Naqueles dias, como hoje, seu argumento parecia imbatível. O Vaticano II recém terminara e estava lá, claro como a luz do sol, o postulado de ir à mídia. O "Inter Mirifica" ainda repercutia nos seminários e nas paróquias. Lugar de padre era evangelizando a multidão e não confinado em espaços fechados. A oferta feita a ele era irresistível, pois atingiria cerca de 40 milhões de pessoas com sua versatilidade no rádio, que, nos Estados Unidos, tinha grande alcance, muito mais que a televisão, ainda incipiente. Ele realmente encantava e ensinava. Errado estaria se não aceitasse! Errados estariam os superiores que lhe negassem esse direito!

Então por que seus superiores, que também tinham doutorados, teriam proibido o brilhante padre de falar a milhões de pessoas? Eles nunca deram entrevistas, perderam o colega e calaram-se. Agora, o assunto era com o bispo que o acolhera. Por três anos o programa ia de vento em popa, cada vez mais encantador. Um dia, sem mais nem menos, o padre decidiu romper o contrato e ir embora. Não queria mais atuar no programa. Não houve jeito de segurá-lo, como na ordem não houve jeito de mantê-lo. Concluído o contrato, ele não assinou por nem um dia a mais. Marcaram o último programa, no ar.

Com tristeza, ele se despediu, ao vivo. Ali estava a verdade sobre o ambicioso pregador. Na emissora, que o acolhera e lhe dera a grande chance, outra vez sem anuência dos donos da emissora, em uma evidente quebra de ética, ele chamou os ouvintes para se tornarem ouvintes e espectadores da rede concorrente. Em poucos dias, ele começaria um programa por rádio e televisão em cadeia regional. Recebera uma oferta melhor. Teria muito mais audiência. O bispo, que não sabia de suas manobras, desautorizou-o. Ele já havia procurado outra diocese mais perto do lugar de sua nova presença, e o bispo de lá não o aceitou como sacerdote. Não lhe daria ministérios até que falasse com o bispo anterior. Ele nada dissera, nada assinara.

Mudou-se, começou o programa e, seis meses depois, estava fora do rádio e da televisão. O motivo era que, não atuando mais como sacerdote, sua presença não interessava mais à mídia contratante. O contrato foi apenas por um período de seis meses. Ficou sem público e sem espaço. Quis voltar à diocese e não foi aceito. Quis voltar ao mosteiro e não foi aceito. Motivo: ele só fazia o que queria. Personalista demais; o que não lhe servia não fazia. Achou uma diocese que exigiu, por escrito, que ele, por cinco anos, não atuasse nem no rádio nem na televisão. Também aceitou ir a um psicólogo, que disse se tratar de uma dependência tão forte quanto a de tóxicos. Sua autoexposição era uma forma de enfermidade. Se ele demonstrasse capacidade de controlar esse impulso de evidência, talvez, pudesse voltar a atuar. O microfone era mais forte do que ele.

Voltou, aprendeu e nunca mais insistiu. Dava aulas em um grande colégio e em uma faculdade, mostrou-se exímio professor de sociologia e filosofia. Refez a amizade com os monges e com a diocese anterior, pediu desculpas por ter teimado em fazer tudo sozinho e morreu recentemente, sereno e admirado pelos fiéis. Aos amigos ele dizia, em tom de brincadeira, que nunca bebera, nunca fumara, mas tinha tido o vício da "microfonite" aguda. Fizera qualquer coisa para ter um microfone nas mãos, uma câmera à frente e holofotes em cima.

Hoje, quando os especialistas falam em web-dependência, ou seja, o vício da Internet, é mais fácil compreender o vício da autoexposição na mídia. Poucos admitem que foram afetados por ele. É uma das ansiedades de nosso tempo que também atinge os pregadores da fé. Quem for chamado pondere sua resposta. É mais fácil ser dominado pela mídia do que a dominar. Se tiver de ser infiel para atingir seus objetivos, repense aquela oferta!

16

PREGADOR ULTRAPASSADO

Na primeira vez, tratava-se de um doutor adulto. Dessa vez, era um jovem de 22 anos. Disse-me, a queima-roupa, em seu atrevimento de jovem comprometido com seu pregador preferido: *Acho que você já era. Seu tempo já passou.* Ficou surpreso quando, calmamente, concordei. Pedi licença para acrescentar que eu sabia disso e que sempre entendi que passaria. Quarenta e cinco anos cantando a fé já era tempo de aparecerem outros com mais conteúdo, mais voz, melhores melodias e mais profundidade.

Achou que eu ironizava. Repeti que eu tinha espiritualidade, tanto quanto ele e seu pregador preferido. Minha mística de pregador vem me dizendo há anos que não comecei porque queria, não procurei meu espaço, não fiz marketing. Aconteci porque Deus quis e deixaria de acontecer quando Deus quisesse. Estou preparado há anos para ser secundário, vigésimo, trigésimo ou sexagésimo. Em 1978, por razões de saúde, achei que meu tempo de parar havia chegado. Já cantava e escrevia desde 1967. Onze anos me pareceram suficientes para ceder o lugar a outros. Dois bispos me pediram que continuasse. Eu ainda era necessário.

Uma enfermidade me tirou de cena por sete meses em 1980. Pensei que era tempo de parar e ceder lugar a outros. Tinha outras atividades a exercer como padre fora da mídia. Outra vez, agora melhor de saúde, meus superiores me pediram que lecionasse comunicação no instituto que é, hoje, a faculdade Dehoniana, onde ainda leciono. Chego a 58 anos de sacerdócio enquanto escrevo estas linhas, 60 de canção, 50 anos de rádio e televisão e 100 livros publicados.

O jovem foi se interessando conforme minha fala. Falei dos jovens que preparei, dos que incentivei, dos que acharam seu espaço com minha ajuda e recomendação. Falei dos cantores das mais diversas igrejas que dizem que meu canto e meu jeito de cantar a fé os inspirou. Falei da mística de profeta menor que é todo aquele que fala e canta na mídia, porque profecia maior é a de quem cria espaço para os outros, quem funda televisão e rádio, quem funda e monta hospitais creches, asilos, casas de apoio às vítimas do HIV e das drogas. Falei dos bispos que, em tempos difíceis, impediram mais violência no Brasil e de sua profecia. Falei dos mártires que deram a vida pelo povo. Todos eles eram mais profetas do que eu. Eu nunca vi como profecia maior nem em minhas canções, nem meus livros, nem o fato de ter marcado gerações com meu canto. Assim como houve um Joel, um Amós, um Oseias, eu era ainda menor que eles. Nunca me imaginei Isaías nem Jeremias.

Disse mais: "Briguei e brigo pela qualidade, pela pureza da canção e pelo cantor certo do jeito certo e no lugar certo. Não fico triste se alguém decide não tocar minhas canções em sua emissora, nem se proíbem ler meus textos naquela rádio. Não perco o sono se alguém decide que em sua loja não entram nem meus livros nem álbuns de CD".

Ele poderia acessar meu site oficial que não veria telefone, e-mails nem nada que levasse alguém a me chamar para algum show. Ponho tudo nas mãos de Deus. Quem me procurar acabará achando. Não me promovo. A editora divulga meus trabalhos, mas raramente falo deles.

Ele me olhou demoradamente e pediu desculpas por ter me ofendido daquela forma. Percebeu que fora injusto. Brinquei, disse que suas palavras foram pouco. Mereço críticas e elogios. Críticas e palavras duras ouvi muitas em 60 anos como comunicador da fé. Mereci algumas, não mereci outras. Aproveitei para pedir a ele que buscasse sua mística de comunicador, caso um dia fosse chamado à fama ou à notoriedade.

Acho que ganhei um amigo. Diz ele que ainda admira seu outro pregador preferido e que não sabe quem de nós dois é mais profeta. Facilitei-lhe a escolha: *Seu pregador é mais profeta. Fez mais e faz mais do que eu.* Citei, então, Paulo aos coríntios 1Cor 15,9-11:

> Realmente, sou o menor dos apóstolos; nem mereço o nome de apóstolo, porque persegui a Igreja de Deus. Mas pela graça de Deus sou o que sou, e sua graça em mim não foi estéril. Ao contrário, trabalhei mais que eles todos; não eu, mas a graça de Deus comigo. Por conseguinte, tanto eu como eles, isto é o que pregamos, e isto é também o que crestes.

17

PREGADORES EM CONFRONTO

Sístoles e fechamentos

Aprofunde e debata este tema, pois está em curso em alguns setores das igrejas cristãs o retorno desta mentalidade. Quem não aderiu e não se converteu nos moldes deles não tem o direito de pregar a Palavra de Deus: dizem que lhe falta o Espírito Santo. Só reconhecem que o Espírito Santo está em quem concorda com eles, ora e fala como eles. Parece neo, mas é o velho pentecostalismo dos séculos III e IV.

Um bispo chamado Donato (+355), purista e puritano, deu origem ao *donatismo*, grupo que rompeu com a Igreja em 312. A heresia durou mais de 10 séculos, principalmente no norte da África. Entre muitas outras doutrinas, ensinava que o pregador ou ministro pecador não podia comunicar a graça a ninguém, porque o Espírito Santo não estava com ele. Severos consigo e com os outros, queriam uma Igreja penitente e purificada. A intenção era boa, mas o radicalismo e o fechamento os levaram ao pecado de julgar os outros como inferiores na fé. Não precisavam nem do pensamento, nem dos conselhos, nem dos escritos de ninguém de fora. O Espírito Santo lhes dizia o que precisavam saber.

Político poderoso e comunicador envolvente, ele conseguiu, em um encontro, puxar mais de 70 bispos para seu lado. Aos olhos daqueles bispos, Donato parecia santo. Estabeleceu outra vez a divisão entre as dioceses e igrejas. Seus seguidores se apossavam de dioceses e do culto em muitos lugares, pois eram como pregadores em ordem de batalha. Queriam mais almas para Cristo, mesmo as já conquistadas. Não sendo do jeito deles, não eram ainda batizadas de verdade.

Achavam-se nesse direito por se considerarem mais eleitos e mais guiados pelo Espírito Santo. Só os santos e bons eram católicos de verdade. Na linha dos Montanistas (Montano e Novaciano), que os antecederam e também causaram muitas divisões na Igreja, inspiravam-se muito nos heróis do Antigo Testamento que resistiam aos inimigos. Consideravam-se perseguidos, incompreendidos e mártires. Chegaram a formar combatentes que provocavam os outros na rua. Eram chamados de *circumcelliones* (um tipo de palhaços ambulantes).

Sonhavam com o martírio depois de uma dura vida de penitência. O defeito deles é que eram santos e bons demais para se misturarem aos outros. Criavam comunidades fechadas que a ninguém ouviam senão a seu líder. Estavam lá para ensinar e não para ouvir os outros. Afinal, sua missão era restaurar e renovar a Igreja, conspurcada pelo mundo mau e pecador e por gente que se entregara aos encantos do mundo.

Sua doutrina era a de que só eles, os renovados e convertidos, podiam anunciar Jesus, já que o pecado impede a Deus de agir por intermédio deles. Seria como dizer que tudo o que o pecador toca fica sujo. Nesse caso, segundo seu raciocínio, não valiam o batismo nem a eucaristia administrados por um sacerdote que pecou. Como há poucos pregadores angélicos no mundo e em todas as religiões, a conclusão é óbvia: só os muito santos poderiam comunicar a Palavra de Deus. Quem decidia se alguém era suficientemente santo para seus lábios puros pronunciarem com absoluta inocência o santo nome de Deus? Eles! Não podiam falhar porque tinham o Espírito Santo a seu lado!

Infelizmente, com exceção de alguns bispos, a Igreja percebeu meio tarde aonde Donato queria chegar. Afinal, seu grupo parecia um bando de gente sincera e santa! Parecia! Mas, ao se fecharem e não quererem ouvir os outros, perderam a santidade. Só eles eram os escolhidos. Os demais teriam de se adaptar a eles.

O pecado existe, e a grande maioria dos pregadores precisa lutar todos os dias para superá-lo, cada qual o seu. Urge fazer essa reflexão porque o substantivo pregador rima com o adjetivo pecador. Isso não significa que um pregador não deva lutar para ser santo. Significa apenas que a Igreja entende que não é possível dar o direito de anunciar a Palavra de Deus apenas aos que parecem piedosos e se julgam sem pecado. Se a pessoa errou, penitenciou-se e leva uma vida de caridade e de esforço sincero na virtude, ela pode anunciar o Cristo. Só Deus sabe quem está sem pecado. Aos bispos cabe esse discernimento.

18

MONTANO, NESTÓRIO E NOVACIANO

Suas doutrinas estão de volta. Fizeram mais discípulos do que possamos imaginar. Os sinais de sua rebeldia começam a se fazer claros entre nós. Grupos de pentecostais se separaram das Igrejas Históricas Evangélicas para criar sua nova profecia. Grupos católicos, não poucas vezes, confrontam a doutrina oficial da Igreja, garantindo que o anticristo já está no mundo e predizendo o fim dos tempos para breve. Já se ouve aqui e acolá, por parte dos mais radicais que são carismáticos, dando a entender que deram um passo além do catolicismo.

Montano e Donato, Nestório e Novaciano eram famosos pregadores cristãos dos séculos 2 e 3. Novaciano chegou a se proclamar Papa. Quis apossar-se do governo da Igreja porque não admitia o perdão para quem se afastara da fé no tempo da perseguição. Era da linha dura de Donato. Seus seguidores acreditavam mais em suas luzes do que nas dos outros. Piamente achavam que haviam descoberto a doutrina certa. Os outros? Que se ajustassem! O Espírito Santo lhes mostrara o jeito certo de crer! Algumas camisetas hoje refletem pouco daqueles dias. Uma delas diz: *Sou católico! Os incomodados que se convertam.* Eles faziam o mesmo com quem não pensava como eles. Provocavam abertamente.

Alguns eram bispos. Hoje é mais raro que um bispo leve sua diocese a separar-se da Igreja católica ou dos outros cristãos e fundar uma nova versão de cristianismo. Naquele tempo era mais frequente. Cerca de 150 anos depois de Cristo, o começo dessas pregações causou enormes conflitos e divisões na Igreja. Eram pregadores seguros de que o caminho para o Cristo era o preconizado por eles.

A essência das mensagens de Montano, Donato, Nestório, Novaciano e outros era que o Espírito Santo que Jesus prometera estava falando pela boca deles e não dos outros bispos ou do Papa. Seguiam todos pela mesma trilha, com algumas nuances. Consideravam-se reformadores ou renovadores. Deus falava com eles que eram os novos porta-vozes da fé ortodoxa: a versão correta! A autoridade estava não mais com os sucessores dos apóstolos, mas sim com os novos revelados. Subvertiam a 1Cor 12,28. Valia o que Deus dizia a eles e não o que o corpo docente da Igreja dissesse. Os docentes, agora, eram eles. Os fiéis, entre ouvir a palavra do Papa e a deles, ouviam esses encantadores e envolventes profetas que lhes garantiam certezas. Afinal, estavam convencidos de que o Espírito Santo lhes soprava verdades nos ouvidos.

O que ele poderia ter soprado aos outros não era importante. Importante era o que o Espírito lhes dizia. Vários deles se sentiam chamados a salvar a Igreja e devolver a ela a pureza e a santidade que perdera, misturando-se com este mundo pecador. Sim, o inimigo infiltrara a Igreja. De suas comunidades-redoma, determinavam como os demais fiéis deveriam viver. Tinham milhares de seguidores. Ai de quem os contradissesse!

***

A princípio, não queriam se separar. Diziam querer apenas restaurar a pureza da fé cristã. Achavam que a Igreja ia mal e que a missão deles era renovar e reconduzir a Igreja a seu projeto inicial. Mas tinha de ser do jeito deles. Sempre certos de que seu jeito de ser igreja era o novo jeito, atraíam os discípulos dos outros.

Morreram. Seus discípulos, mais tarde, seriam chamados de montanistas, arianos, novacianos, donatistas. Também eram apelidados *catafrígios, cátaros, circumcelliones*. Duraram séculos. A briga começou quando ousaram dizer que a Igreja, agora, passava por eles. Deus os chamara para restaurar a verdade. Então quem se opusesse a eles, estava fora da verdade. Mostraram sua verdadeira natureza.

Como o que pregavam não foi aceito pelas autoridades, a cada novo dia a separação ficava mais evidente. E daí, se o Papa proibia? Faziam! O Espírito Santo estava lhes trazendo novas verdades! Era com eles que Deus agora contava! Precisaram de cantos, orações e até de canções próprias.

Ário (250-336), um subordinacionista, que dizia que somente o Pai é eterno e que o Filho é uma criatura, era, segundo historiadores criteriosos, um homem negro, bonito, excelente cantor. Sua canção ajudava a disseminar suas ideias entre os jovens, da mesma forma que o diácono Efrém Sírio (+ 373) também fez uso de canções para sua catequese. Mas Ário rompeu com a Igreja; Efrém não!

Os rebeldes não se sentiam bem com os outros irmãos que não pregavam nem oravam como eles. Previam tempos maus, o fim do mundo para breve e garantiam que o Espírito Santo lhes trazia novíssimas revelações. A Bíblia continuava com eles. Por isso valia mais o que dissesse um vidente do que um teólogo. Os novos profetas eram eles.

***

Donato, sobre quem já falamos, radical, achava que a graça dependia de gente santa e penitente como ele. Ministros em pecado não poderiam passar nem o perdão nem a graça de Deus para ninguém. Deus dependia da santidade do padre para chegar a um fiel.

Seu poder econômico e político cresceu tanto que, décadas depois, seus seguidores andavam armados. Houve mortes e violência de ambos os lados. Davam muita ênfase ao Velho Testamento e, como os Macabeus, dispunham-se a matar ou morrer pela fé. Fizeram as duas coisas.

Precederam os que hoje se matam ou matam pelos ideais muçulmanos ou cristãos. A vida na terra nada significava. O céu os aguardava. Sim, seriam santos, custasse o que custasse. Não aceitavam regras de Roma e, se concordavam, era apenas nos pontos que lhes interessava. Quando foi ficando evidente que não pregavam as mesmas verdades que a maioria dos bispos e não queriam abrir mão de suas posturas milenaristas, de sua visão de graça e de pecado, de eucaristia e de inspiração, romperam com Roma.

***

Observemos as novas igrejas, os novos pregadores e estudemos os catafrígios e circumcelliones de ontem, o sabelianos, os albigenses e prestemos atenção no que dizem sobre o Espírito Santo, sobre a Eucaristia, sobre a filiação divina e veremos que aquelas doutrinas estão de volta.

Aquele pregador que, na televisão, disse que Jesus poderia ter caído em pecado quando o demônio o tentou, mas o Espírito Santo lhe deu forças para resistir ao demônio, repetiu três heresias. Negou a união hipostática entre o Filho e o Pai, negou a divindade e a impecabilidade de Jesus e pregou um tipo de subordinacionismo, que torna Jesus Cristo dependente da graça do Espírito Santo para agir como pessoa divina.

Dificilmente o Espírito Santo estava iluminando aquele pregador. Foi ideia de sua cabeça que esqueceu a teologia de seu tempo de aluno ou não leu direito sua Cristologia. Pregadores precisam rever de vez em quando suas anotações e mergulhar em livros de teologia, para não caírem na vaidade de achar que Deus lhes dirá o que dizer. Não dirá. Há outras velas acesas e bem acesas. Não esperem que Deus venha acender sua velinha. Busquem a luz que já foi dada aos teólogos e mestres de outros setores da Igreja e está nos documentos e no catecismo oficial de nossa fé.

Eu sei o que os pregadores poderiam levar nas mãos, ao lado de uma imagem ou de um crucifixo: uma Bíblia e o Catecismo. E deveriam lê-los muitas vezes. Errariam bem menos!

19

FARISEUS E PUBLICANOS NA MÍDIA

O risco existe. Ouça algumas pregações de rádio e televisão e perceberá esta ênfase excessiva no próprio grupo aliada à incapacidade de valorizar a outra igreja ou os outros profetas.

Jesus traz essa reflexão de maneira magistral na parábola do Fariseu e do Publicano (Lc 18,9). Um parecia santo porque cumpria a lei: não era ladrão, nem malfeitor, nem adúltero, nem pecador como os outros. Pagava o dízimo de tudo e jejuava duas vezes por semana. Era um crente judeu fariseu para ninguém botar defeito. Enfim, um modelo de santo!

O outro era um pecador que, de fato, errara, mas estava humildemente em seu canto lá no fundo e, arrependido, pedia perdão. Segundo Jesus, o que se considerava mais fiel do que o outro voltou para casa sujo como pau de galinheiro. Perdera a humildade. A ideia da eleição lhe subira à cabeça, e ele nem percebera o quanto era ridículo.

Jesus confirmou Pedro como líder de sua Igreja depois de três vezes ter perguntado se ele o amava (Jo 21,15-19). O mesmo Pedro o havia traído três vezes. A vigorar o rigorismo donatista, não teríamos tido o papa Pedro (Mt 26,74-75), nem Paulo, nem Agostinho, nem Inácio de Loyola, nem Francisco de Assis, nem milhares de santos que, um dia, finalmente se converteram. Deus foi paciente com eles. Os puritanos não costumam ter a mesma paciência. Querem almas agora, já, para o Cristo, mas do jeito deles.

Os discípulos de Jesus tinham falhas que foram aperfeiçoando em correção fraterna. Deus enviou seu Espírito, que, agindo neles, não fez tudo em um estalo. Com o tempo se descobriram maduros o suficiente para errar o menos possível. A graça da conversão de um ouvinte ou telespectador não depende da santidade pessoal do pregador que lhes falou, mas sim da misericórdia de Deus. Enxadas quebradas e enferrujadas também plantam! Foices dentadas também colhem frutos.

Lembre-se disso na próxima vez que perceber que ainda tem muito perdão a pedir a Deus. Mesmo assim, ele o quer convertendo-se e comunicando sua mensagem, desde que o faça com toda a Igreja. Desconfie de comunidades fechadas! Muitos mosteiros repletos de grades abrigam fiéis de mente bem mais aberta do que alguns pregadores de rua e de mídia. Eles aceitam aprender com os outros!

20

O DISCURSO SECTÁRIO

Esse discurso é um grande sofrimento para a Igreja, porque leva à divisão e a distanciamentos. Ele nasceu de preconceitos que não interessa ao pregador sectário corrigir, porque ele perderia espaço. Então é ressaltado o que há de bom em seu grupo e se dá um jeito de mostrar o que há de errado nos outros. Falemos dos fatos e omitamos os nomes.

Funciona da seguinte forma: ele tem uma ideia de como deve ser a Igreja, evidentemente uma Igreja que ore e pense como seu grupo faz. Afirma que Deus suscitou seu grupo para melhorar e até salvar a Igreja. Está convicto disso. Seu jeito de ser católico é o jeito certo. Disso vive, por isso milita. Seus olhos estão voltados para o que seu grupo ou seu movimento leu e entendeu. O resto é inferior.

E, se alguém for em direção diversa ou oposta, em sua ótica este alguém está indo contra a Igreja, porque somente sua direção que é a correta. Não lhe ocorre em absoluto que os desvios possam ser dele e de seu grupo. Lembram os três soldados que marchavam a contrapé e acusavam todo o batalhão de marchar errado. Eles haviam escolhido outra batida como a batida correta.

O Papa se pronuncia em um documento sobre os excessos de determinada teologia. Eles, que são da linha oposta, supervalorizam o que Roma disse e começam a divulgar que o Papa condenou aquela forma de fazer teologia. Dois anos depois, o mesmo Papa se pronuncia dizendo ver valores naquela teologia e que dela se deve expurgar apenas alguns conteúdos estranhos ao catolicismo. Esse documento eles não repercutem. Seria elogio ao que eles condenam. A Conferência dos Bispos do Brasil emite um documento de *Reflexão Cristã sobre a Conjuntura Política*. Eles que fogem de política e discordam da política da CNBB, mais à esquerda, não repercutem o documento. Seus membros não tomam conhecimento dele.

A CNBB emite um documento de orientações pastorais sobre a linha do dito movimento. Eles não obedecem e continuam a fazer o que sempre fizeram em suas liturgias e seu ensino. Recorrem a outras fontes. Não se sentem atingidos pela orientação. Mas prosseguem lembrando sempre que, uma vez em tal e tal documento, o Papa condenou determinada teologia. Nunca dizem que, em outra vez, ele viu valores e mostrou aceitá-la sem os excessos. Assim, os membros daquele grupo ficam sempre sabendo do que o Papa disse contra os outros, mas nunca o que o Papa ou os bispos disseram contra eles. Vale o alerta contra os desvios dos outros e raramente o alerta contra os desvios deles. Divulgam entre si quem deixou o sacerdócio por ser da outra linha de teologia, mas nunca falam dos que por serem de sua linha mudaram de igreja ou também deixaram o ministério.

Salienta-se o lado negativo dos outros, nunca as virtudes; acentua-se o lado positivo próprio, nunca os defeitos e as falhas.

Acontece dentro das igrejas chamadas cristãs e acontece entre elas. O que é bom neles eles superexaltam, só que também superexaltam o que é ruim nos outros. O que é bom nos outros eles silenciam, mas silenciam também o que é ruim neles.

Eis o discurso sectário. Seu lado tem de vencer. Por isso elogiar o que o outro tem de bom, reproduzir seus escritos ou suas canções não lhes interessa, já que acham que há gente melhor fazendo coisa melhor entre eles. Elogiar ou reproduzir outros enfoques teológicos e pastorais parece-lhes que seja correr o risco de perder adeptos. Não lhes ocorre que o diálogo forma cristãos de coração aberto. Não compreendem que se possa admirar o que há de bom no outro sem ter de concordar em tudo.

Em alemão há um ditado que propõe que não se jogue pela janela a água suja da bacia com a criança. É o que fazem. No caso dos católicos, seus pregadores insistem em mostrar um documento que condenava a outra linha de teologia, mas intencionalmente omitem o que mostrava seus valores. Ocultam o que é dito sobre eles e seus desmandos e jamais divulgam suas perdas. As dos outros, sim! No caso de outras Igrejas, comprazem-se em mostrar os pecados do clero católico, mas ocultam os pecados de seu clero, insistem em mostrar a idolatria de nossa Igreja e omitem as idolatrias e o culto da personalidade na deles.

Se vai mudar? Vai! Quando a honestidade entrar pela porta e expulsar o sectarismo pela janela. Quem não consegue mostrar o lado bom dos outros não está preocupado com a verdade, mas com a vitória de sua corrente. Isso é um gravíssimo pecado. Mas eles não se acham pecadores. A verdade está com eles e, segundo eles, um dia os cristãos serão como eles são hoje! Tomara que não, porque seriam todos preconceituosos e incapazes de diálogo! A esperança é que os serenos, honestos e sensatos do mesmo grupo vençam e cheguem à liderança. Com eles haverá menos sectarismo, mais diálogo, mais fraternidade e mais verdade. É que há muita coisa boa entre eles, que se perde dentro de um fechamento propositado de líderes que insistem em jogar suas lanternas na direção errada. Iluminam-se demais e, quando podem, apagam a luz dos outros!

21

CHARLATANISMO NO PÚLPITO

Pregador charlatão é o sujeito que usa de um fato ou de um objeto para enganar a boa-fé do povo. O médico charlatão é o que, não tendo diploma, finge que tem e receita remédios inadequados, ganhando dinheiro com o exercício ilícito e imoral da profissão. Charlatão é o farmacêutico que nada entende de farmácia, mas empurra remédios inadequados ao cliente. Em religião, charlatão é o religioso que, despreparado, falsifica doutrinas e milagres, encena curas fictícias, apressa-se a proclamar milagres sem esperar nenhuma comprovação, atribui poderes a objetos, finge ter revelações ou visões, dá recados falsos em nome de Deus e engana o povo com poderes que não possui.

O advento da televisão e do rádio propiciou o aumento do charlatanismo em escala inaudita. Nunca o mundo teve tantos charlatães como agora em todas as igrejas. Não conhecem o que pregam, de seus livros santos citam trechos errados e de maneira errada, falam mais de si do que do céu. E, quando falam do céu, é para lembrar o quanto o céu fez por eles.

Estão cheios de truques de marketing. Não passa uma semana ou um mês sem que tenham alguma nova campanha, algum novo milagre, uma nova revelação. O fiel só pode dar testemunho de alguma graça ou algum milagre recebido. Caso o fiel perceba que não foi curado e queira outra vez falar naquele microfone, não lhe permitem essa chance. Dizer que não foi milagre? Nunca! Só pode falar quem os elogia e concorda com eles. Quem ousa mostrar que é diferente é silenciado, dentro de seu próprio grupo.

A maioria dessas curas apressadamente anunciadas são questionáveis. Um *procon* para essas curas anunciadas por eles acabaria com o negócio espiritual. Uma junta médica para cada milagre ali anunciado acabaria mostrando a verdade.

Milagres existem, e quem crê neles aceita que alguém os comprove. A Igreja católica permite que os médicos analisem os milagres anunciados em Fátima, Lourdes ou nos prodígios supostamente operados pela intercessão de algum santo. Só depois ela se pronuncia. O charlatão passa por cima disso. Ele mesmo proclama o milagre operado naquela tarde e naquela sessão. E não admite junta médica nem comprovação. E ai de quem o questionar. Joga seus adeptos contra tal questionador. Passam a pensar que o tal irmão não tem Deus, quando quem não tem é seu charlatão chefe. Espalham que aquele padre ou pastor é um incrédulo e está sendo instrumentalizado pelo demônio.

Se o charlatão faz alarde de uma cura milagrosa pela imprensa, caso a pessoa morra da enfermidade tida como curada, ele silencia e nunca mais toca no assunto. O charlatanismo religioso faz hoje milhares de adeptos. Superficial em tudo, vive de repetições de palavras, gestos e fórmulas mágicas. Engana milhões de pessoas com orações e curas falsas. Todos falam do mesmo jeito, repetem as mesmas expressões e assumem o mesmo comportamento. Só é bom quem os elogia. Quem, por acaso, ouse observar Mateus 24,24-28 é agredido. Bom é quem os aprova, mau é quem duvida deles. Consideram a dúvida contra eles uma ofensa a Deus.

Uma igreja invadida por charlatães perde o rumo. Se seus líderes não reagirem, em pouco tempo ela conduz milhões ao desvio. Corrigir tais erros torna-se quase impossível. Estabelecido o confronto, alguns deles fundam outra igreja. Não cedem nunca, jamais voltam atrás. O charlatanismo precisa de muito dinheiro, para se expandir, e de muito incenso, para o charlatão se autovenerar, porque jamais admite santidade ou pureza fora de seu grupo. Seus simpatizantes até podem ser acolhidos como gente de Deus, mas são um pouco menos eleitos que seus membros; os eleitos são eles.

Oferecem seus livros, seus folhetos, suas canções, seus endereços e jamais aceitam ir aos outros. Bastam-se a si mesmos. Enganam tanto que acabam enganando a si mesmos. O mundo tem exatamente a dimensão deles. O que é de fora é do mundo. O que está dentro de suas cercas é do céu. Quanto mais distante deles, mais mundanos. Quanto mais perto deles, mais santos.

Preste atenção e veja se não é o que tem acontecido. Os manipuladores da graça fazem tudo com graça. Só não o fazem de graça!

22

PREGADORES QUE ODEIAM LIVROS

Sou professor de comunicação e digo em alto e bom som: "Tremo nas bases quando vejo um sacerdote que não lê. Isso lembra o médico que não se atualiza. Ninguém em sã consciência aceita ser operado por um médico jovem que, desde que saiu da faculdade, nunca mais abriu um livro de medicina". Há pregadores da fé na mesma situação. Não leem, não compram, não leem os documentos da Igreja, dos bispos de seu país nem os de sua diocese. A aversão à leitura é tal que, se pudessem, queimariam seus livros e deixariam apenas os CD's e DVD's na estante.

Exagero um pouco, mas é o que temos visto a partir das pregações de alguns desses sacerdotes. Não há citação de nada, nem anotação, nem transmissão de nada que vem dos outros ou de outros movimentos. Vale seu movimento, suas ideias, seu testemunho. Teólogos atuais? Nenhum. Antropólogos, filósofos, psicólogos são banidos de suas pregações. Repetem-se à exaustão porque o único livro por ano que conseguem ler os cansa tremendamente. Não há tempo para leituras. Fariam bem à Igreja, da qual são pregadores, que, das duas horas de adoração e canção diante do sacrário, usassem uma para estudar sua fé e atualizar-se com conhecimentos de doutrina. Se fossem médicos e tivessem consultório, estariam sem clientes, porque dizem a mesma coisa do mesmo jeito para qualquer problema.

A Igreja ordenou alguns pregadores sem conteúdo intelectual. Alguns jamais conseguem formular uma sentença por inteiro. Pulam de uma para a outra sem ter concluído seu pensamento. Precisam urgentemente de um psicólogo, mas se recusam a aceitar ajuda. Assim, temos pregadores na mídia que não conseguem terminar um pensamento e não é porque são interrompidos pelo apresentador. Eles mesmos se interrompem. A frase para no meio e logo vem outra que é seguida de outra que também não termina. Faltou livro ali!

Eis um tipo de púlpito que dói na Igreja. Esperava-se desse pregador que ensinasse ao povo a doutrina atualizada da fé, mas ele não termina o pensamento, não abre uma revista, um livro sequer. Vai lá e fala docinho com os amigos e com o povo de coisas que sente, mas não consegue ser porta-voz da mais nova encíclica, do mais novo documento que pelo que se percebe ele ainda não leu! Tornou-se sacerdote católico para dizer o que pensa e não o que a Igreja pensa! Já que pretende converter os outros para Cristo, que tal se ele mesmo se convertesse para a doutrina da Igreja que o ordenou e lesse ao menos o que o Papa disse? Mas quem vai convencê-lo de que está em falta com a Igreja que o ordenou, porque se nega a lhe emprestar o cérebro?

23

PROFECIAS PERIGOSAS

Falo de um tema provocante. O do pregador que se arvora em profeta e ameaça ou fere com veredictos contundentes as pessoas que, porventura, não aceitam sua espiritualidade. Nesse caso, é o púlpito que fere. Conto uma história verídica sem nomes, para a interpretação do leitor.

Uma jovem que costumava dizer o que pensava entrou para uma igreja aguerrida, com visão radical de fé, milagres e graça. Em poucos anos, adoeceu de câncer. O que ela ouviu de pregadores arvorados em profetas foi inacreditável. Ouvia que o câncer era coisa do demônio, que ela estava pagando pelo pecado da desobediência, que deveria se retratar para se salvar, que, se aceitasse Jesus de verdade, seria curada. Em suma, ela estava doente porque não aceitava Jesus do jeito daquele grupo.

O grupo que assim falou, logo após, vários morreram de câncer, acidente e muitos outros sofreram de outras graves enfermidades. Um dos pregadores foi preso por estelionato, além de vários casos de depressão entre os líderes. Então, o discurso mudou. Agora, era provação do senhor a seus servos.

A jovem? Está viva, tratando-se há anos e cheia de fé. Nenhuma daquelas profecias a atingiu. Dois dos que falaram em castigo de Deus estão fora daquela igreja. Quem falou pagou.

Há um púlpito afobado, mágico, apressado que dá um jeito de pôr a culpa no fiel, caso ele não concorde com tudo o que ouviu. Não se tolerando opinião diferente. No exército em ordem de batalha, general falou, soldado cumpra. Se soldado levanta a mão e quer explicação, é punido. Mas isso funciona no exército; nas igrejas nem sempre...

A graça de Deus supõe diálogo. Igrejas que o abandonaram geram profetas apressados e prepotentes. Uma coisa é o voto de obediência feito com liberdade e outra é a subserviência. Esse voto não faz parte de nossa Igreja. Se fizer, o subserviente e o "dono" do movimento ou ordem estão errados.

Uma das coisas mais exigentes e sofridas da fé é exatamente esta: o diálogo. Há uma hora em que diálogo tentado o líder deve agir. O liderado, que exige que tudo seja como ele quer, peca. Mas o líder que age sem diálogo e respeito a seus liderados também peca! Religião supõe mesa de conversação, sendo a melhor delas a eucaristia.

24

URGENTES, MAS NÃO PRECIPITADOS

Reflitamos sobre a pressa de evangelizar

1. Entremos aqui de maneira breve e sucinta em um tema que atinge muitos cristãos, sobretudo os jovens: o urgente e o precipitado. Pregadores da fé e formadores correm o risco de confundir a urgência da missão com igreja urgente e ações precipitadas. Uma leitura atenta de *Ad Gentes* e de *Catequese Renovada* poderia corrigir esse erro. A catequese pode ser renovada, mas o catequizado será sempre um renovando.

História triste

2. Aquele menino de onze anos que caiu em um poço de vinte metros precisava ser tirado de lá com urgência. Infelizmente, os que operavam o resgate se precipitaram e, na ânsia de salvá-lo o quanto antes, colocaram pessoas inexperientes para tirá-lo de lá. A intenção era boa, mas os operadores não estavam preparados para a tarefa. Quando tudo parecia dar certo, uma parte da terra do poço desbarrancou, e ele foi soterrado. Se tivessem esperado um pouco mais, até que chegassem os peritos, talvez, ele tivesse sido salvo. Confiaram na máquina e no desejo dos operadores novatos. Cavaram um poço ao lado sem conhecer o solo, foi isso que fez o poço onde estava o menino desbarrancar.

Salvar com critério

3. Mais sucesso teve o grupo que, em um outro país, sabendo da urgência de salvar uma menina em outro poço, chamou os peritos, que o fizeram com o maior cuidado. Era urgente, mas souberam buscar gente preparada, e a menina foi salva.

4. Urgência requer ações mais rápidas, mas nunca açodadas e precipitadas. Urgência de evangelizar não pode ser transformada em pressa de anunciar Jesus. Isso acontece quando, na paróquia, na rádio e na televisão, dão-se papéis ou programas a quem não sabe o suficiente para ocupar aquele posto.

Grande repercussão

5. Uma oração ou uma doutrina errada podem chegar a dez ou vinte milhões de pessoas. Quem envia pessoas com evidentes sinais de que não conhece o catecismo da Igreja sempre pensa na urgência da pregação, mas cai no açodamento e na precipitação de enviar gente despreparada.

6. Pensemos nisso! Você nomearia árbitro de uma partida importante alguém que não conhece as regras do jogo?

O púlpito não é um espelho, por isso quem está lá não tem ideia clara da repercussão de suas palavras e atitudes. O número de ouvintes não é critério. Vale mais o que a Igreja, o povo e as autoridades pensam dele do que aquilo que o pregador pensa que está produzindo naqueles ouvintes.

25

DIVULGAR-SE PARA DIVULGAR!

Perigosos protagonismos

Do papa Bonifácio VIII, que governou a Igreja de 1295 a 1303, diz-se que foi pior do que Salomão. Era tão marketeiro de si mesmo e dava tanta importância a seu governo que encheu as igrejas com seus bustos esculpidos. Chegou a declarar que a autoridade papal se estendia a todas as criaturas do mundo. Ele, talvez, não estivesse convencido de que o excesso de imagens dele, em vez de lhe dar credibilidade, solapava-o a autoridade!

Muitos pregadores se divulgam sob o argumento de que se divulgando têm notoriedade suficiente para serem ouvidos. Sua imagem viria primeiro para que sua mensagem fosse levada a sério. Há um quê de verdade nisso, mas o argumento é escorregadio. Eles sabem, e muita gente sabe, dos perigos do excesso de luzes sobre a "prima donna" ou sobre o ator número um. Estes ou são realmente bons, ou perdem a aura! Com o tempo, seu protagonismo será de tal monta que não poderão mais descer do palco ou do púlpito para o meio do povo. Elvis, Marilyns, Madonnas, Britneys, Michael Jackson e outros ídolos de ontem e de hoje, de tanto marketing, terminam isolados e cercados de guarda-costas. Passam a pregar de cima, altaneiros, a viver em bolhas e redomas. Isso para não falar dos que morreram vítimas da mídia que os transformou em produto.

***

Digo isso porque houve um tempo em que passei pela tentação de ir mais longe do que tinha ido, pelo argumento de que chegaria aonde os outros não chegam. Sofri a tentação da formiga que acha que pode cortar um pedaço ainda maior de folha, sem levar em consideração as distâncias e os ventos daquela jornada. Argumentavam: "Alguém tem de ir lá, aonde ninguém foi". "Jesus iria." "Paulo foi." "Esse novo missionário pode ser você!" "Você tem todas as qualidades para ir." "Não jogue fora esta chance de evangelizar milhões."

Muitas vezes, nos anos 70 e 80, ao ouvir isso, pensei na tentação da montanha e no "tudo isso te darei..." (Mt 4,1-11). Marketing não deixa de ser marketing, mesmo que seja o da fé. Optei por não ser levado tão longe, posto que, na mídia, o verbo é "ir" ou "levar", mas, às vezes, somos mais levados do que vamos. O marketing mais nos leva e nos empurra do que nos deixa ir. Ele tem seus próprios mecanismos. Quem está na mídia há mais de 40 anos sabe que esse riacho vira rio caudaloso e, não poucas vezes, transborda. Ou o aceitamos com suas regras ou, como cavalo xucro, ele nos derruba. Tem de ser muito peão para ficar muitos anos montado no marketing.

***

Não me considero nem acima nem melhor do que os outros que aceitam ser lâmpadas. Eu fui e ainda sou, mas trago comigo a mística do brilhar junto e acentuar as outras lâmpadas que me ajudam a emitir a luz. Quero luz sobre meus cantores e os quero a meu lado e não atrás de mim, até porque, sem eles, a mensagem que levo perderia sua força de comunicação. Não sou "Padre Zezinho e sua banda". Todos os 12 grupos que já cantaram comigo foram a meu lado e tinham nome, como grupo e como pessoas. Pregamos todos, eles, com seu brilho de cantores da fé; e eu, com minhas luzes de pregador; mas nunca aceitei os holofotes por muito tempo sobre mim. Foi e é minha mística. Quem já viu meus shows nos últimos 40 anos deve ter percebido que não fico à frente de meus jovens. Não levo baterista nem saxofonista porque, às vezes, por problemas de mesa, eles abafam a mensagem. Cantamos na mesma linha e não aceito holofotes fixos em mim. A luz deve girar entre os cantores, o povo e um pouco sobre mim, o mais discretamente possível.

***

A meus alunos digo o que acabo de escrever: "Segure o cálice, a patena, o ostensório, o violão, a Bíblia, os sinais e instrumentos como quem segura uma lâmpada". Apagada, fechada, mal citada, mal ligada, mal alimentada ou piscando, ela mais prejudica do que ajuda. Nem o cálice, nem o ostensório, nem nós somos a luz: somos lâmpadas. A luz é o Cristo e o mistério que Ele é. Valorize a luz que nasce daqueles sinais! Trate de ser um deles, mas não lute para ser o sinal número um. Segure a lâmpada, já que não é possível segurar a luz. Seja uma lâmpada, já que não é possível ser luz. Lúcifer quis ser luz e acabou no inferno, diz a piedosa história da tradição, mencionada na passagem de Mt 25,41 e Jd 1-6.

***

Lembro-me de um episódio que para mim foi salutar. Nesses 58 anos de sacerdote e 60 de comunicador, uma vez, tiraram do horário nobre meu programa que tinha muita audiência; razões da emissora e dos diretores. Se Deus deu a eles a direção daquele veículo, deu a eles mais do que a mim. São carismas. Não precisavam mais do meu. Não abri a boca. Fui embora. Pregaria onde, para quem e na hora em que me fosse permitido. Perdi ouvintes e espectadores. Eles também.

Outros diretores me acharam, e os ouvintes também tornaram a me achar. Expliquei-me, depois, a alunos que me perguntaram por que não lutei por meu espaço já conquistado: era mística. Disse-lhes que não era conquista. Deus me havia dado aquela chance. Veio alguém que não via as coisas do mesmo jeito, e entendi que perdera um espaço concedido. O convite acabara!

Nunca assino contrato de trabalho com as mídias em que atuo. São livres para deixar alguém em meu lugar, e eu sou livre para ir embora. Já atuei em mais de 9 mídias desde meus primeiros anos de sacerdócio. Estive lá como convidado. Fui embora quando os diretores me pediram para não falar ou não cantar determinadas coisas ou quando acharam alguém mais de acordo com sua linha, alguns dos quais tinham sido meus alunos. O professor não servia, mas o aluno, sim. Sintonizava melhor com a direção da emissora; prova de que não faço a cabeça de nenhum aluno! **Proponho uma mística e uma visão, mas não lhe dou meus óculos e minhas lentes. Ele que ache as dele!**

26

OS LIMITES DA INTERNET

Tenho dito a meus alunos que a Internet é insubstituível. É coisa que eles já sabem. Veio para ficar. Mas, se é insubstituível, não pode ser substituinte nem substituta. Não pode mais do que bons livros e não oferece mais do que eles.

Comparo o leitor de livros e o que apenas lê Internet com dois sujeitos que vão às compras. Um leva a comida para casa e a prepara; o outro compra os pedaços prontos. Um faz o próprio sanduíche, e o outro leva parte do sanduíche já mastigado por alguém. Nem tudo aquilo de que precisamos está na Internet. Com o progredir dos instrumentos, pode até ser que um dia esteja, mas agora o leitor de Internet recebe muito conteúdo digerido sem realmente saber se a informação está no livro real. Há sites sérios e outros menos acurados. Por isso é melhor ler o livro e não somente o resumo.

Mais. Quando leio oitenta livros para um trabalho, talvez não me lembre de tudo, mas sei onde, em que autor e em qual livro está o que procuro. Ele ficou em minha mente. Quando dependo de um verbete na Internet para citar passagens de livro que não li, fico prisioneiro daquelas passagens. O livro me oferece mais do que aquele verbete.

Há quem defenda as vantagens da Internet. Não há como negar que ela ajuda, mas nem de longe ela pode substituir os livros. Eles oferecem conhecimento mais detalhado que fazem do leitor um cúmplice do autor. Ao citá-lo, o leitor está falando de alguém com quem se familiarizou ao longo de seis ou sete livros, ou de mais de duas mil páginas. Há mais pensamento naquele folhear de páginas do que naquele digitar de teclas.

Não menosprezo a cultura de um navegador de Internet, mas penso que, se ele conseguisse unir as duas virtudes: o navegar e o folhear, haveria mais informação e mais agilidade intelectual.

Digo a meus alunos, futuros pregadores: "Você não tem de ser doutor, tem de ser leitor". Mas digo também aos navegadores: "Além de navegar, você tem de também folhear". Que em suas mesas haja pelo menos um computador, por ser exigência dos tempos modernos, mas que não falte uma estante com os principais livros de sua vida. Sem eles, você dificilmente poderá falar em cultura! Pregador sem pesquisa lembra o sujeito que se contenta em marcar passo. Em pouco tempo estará ultrapassado. A Internet tem seus limites. E como tem!

27

ACORRENTARAM A PALAVRA

Na mídia sem fazer média

A Palavra não deve acorrentar nem os diretores de mídia, nem os pregadores.

"Tomai cuidado para que não haja quem vos queira escravizar com sua filosofia e com vãos sofismas, inspirados numa tradição puramente humana, segundo os elementos do mundo e não segundo Cristo" (Cl 2,8).

Entendo que isso também se aplica ao marketing moderno. **Não vale qualquer espaço, qualquer método e qualquer coisa para evangelizar a qualquer um. Não valem apenas os números, embora sejam importantes.** Foi o que disse Bento XVI, quando era Cardeal Ratzinger, na entrevista a Peter Seewald, no livro *O Sal da Terra.* As estatísticas, disse ele, não fazem parte do projeto do Reino. Precisamos redescobrir a *Teologia do Pequeno Rebanho*, acrescentou. As estatísticas são válidas, mas não podem determinar nossa pastoral.

Jesus deixou claro que há limites, ao dizer que não faria mudanças pelo fato de seus discípulos não estarem assimilando sua mensagem. Não mudaria nem uma vírgula nem um ponto (Mt 5,17-18): "Não penseis que vim revogar a Lei ou os Profetas; não vim revogá-los, mas cumpri-los. Porque na verdade vos digo: até que passem o céu e a terra, não passará um só i, uma só vírgula da Lei, sem que tudo se cumpra". O mesmo Jesus deu liberdade aos discípulos para irem embora em Jo 6,67. O assunto era o pão da vida, a eucaristia, dar sua carne para a vida dos homens (Jo 6,48-71).

Ceder para permanecer não era a mística de Jesus. Aprendi com Ele. **Não aceito qualquer esquema para ficar na mídia. Calarei se for preciso. Não farei falta. Estou lá por graça de Deus e sairei por vontade dele ou dos homens. Mas não lutarei por microfones, câmeras, por espaços. Quem me convida sabe disso.** Se tiver de ir embora, irei e cederei meu lugar a outros pregadores, mas não me peçam para apenas cantar sem pregar, ou para não cantar canções de cunho social e político. Posso até ajudar um amigo, mas não assumiria um espaço só para cantar ou para cantar mais do que falar. **Não fui ordenado padre para cantar. O Antigo Testamento fala de levitas cantores (1Cor 5,12),** mas nossa Igreja não liga a canção ao sacerdócio.

***

Não existem padres-cantores

Oficialmente não existem padres cantores na Igreja católica. A canção é algo paralelo à missão do sacerdote. É um adendo. Se quiser exercer seu sacerdócio, ele tem de fazer da canção um instrumento secundário. Caso queiram que ele apenas cante, seria o caso de se recusar. Eu me recuso! Deixei de dar muitas entrevistas, porque me queriam com violão nas mãos ou com um rosário entre os dedos e não aceitei o estereótipo. Mostrei o crucifixo em meu peito e disse que carregaria uma Bíblia, se quisessem. Não quiseram.

***

Entendo que a canção libertadora e a mensagem sociopolítica de meus cantos, que nascem de encíclicas papais, dos documentos dos bispos, da Bíblia, são parte da doutrina fundamental e acho que ela tem uma carga de profunda espiritualidade compassiva e libertadora. Eu jamais cantaria aquela canção que diz: *Quero amar somente a Ti.* A meu ver, ela nega o cristianismo. É que o segundo mandamento é semelhante ao primeiro (Mc 12,31). Ou amamos o próximo ou estamos mentindo quando amamos somente a Deus (1Jo 4,20).

***

Para meus alunos passo a ideia das lâmpadas e da luz. As lâmpadas são diferentes e as luzes que elas emitem, também. Não é culpa da luz, é da lâmpada. Se o diretor quer outra lâmpada, outra pregação e outro pregador mais de sua linha, ele está em seu direito. Preciso respeitar o catecismo que ele estudou, pregadores que ele ouviu e os livros que ele leu. Se não temos a mesma visão pastoral, e ele tem as chaves da emissora, quem fica é ele e quem sai sou eu. A palavra de Deus veio a mim, mas não é minha. Disse Paulo: *Porventura saiu dentre vós a palavra de Deus? Ou veio ela somente para vós* (1Cor 14,36)? E disse mais: a palavra de Deus não está presa nem ao dono da emissora, nem ao diretor de marketing, nem ao pregador, nem ao cantor. Torno a lembrar o que Paulo disse, em outras palavras a respeito da prisão a um só esquema de pregação (1Cor 9,19).

***

Paulo dizia não fazer parte dos muitos falsificadores e subvertedores da Palavra de Deus. Não pregava com astúcia nem com segundas intenções como os que consciente ou inconscientemente visavam aos adeptos, à plateia e aos aplausos. Jesus dizia o mesmo dos fariseus e seus jejuns espetaculares e divulgados nas esquinas do tipo "veja só como eu oro e jejuo!" Eram bons de marketing, mas, pelo visto, ruins de ética. Alguns tradutores verteram os textos de 2Cor 2,17 e 2Cor 4,2 como **mercadejar ou subverter** a Palavra de Deus. O perigo de brigar, para poder brilhar ou ir lá impor suas antenas onde outros irmãos da mesma igreja já estão, está na triste realidade que já conhecemos: a do pregador que luta por mais espaço e o consegue, para, logo depois, descobrir que achou apenas seu espaço, mas não o espaço da Palavra de Deus.

***

Palavras sobre Deus e palavra de Deus

Antônio Vieira, em seu famoso "Sermão da Sexagésima", lembra que **pregar palavras de Deus** não é o mesmo que **pregar A Palavra de Deus**. Pregadores eminentes e evidentes não são necessariamente pregadores da eminência da Palavra, porque não poucas vezes posam de videntes para se tornarem evidentes.

***

Jeremias arrasa com tais profetas em Jr 14,14. Raciocino ainda, em base a Mt 20,16; 23,6; Lc 14,10, com os amigos que me aconselham a lutar por meu "espaço". Nesses textos há toda uma mística sobre lugares. Entendo que o comunicador da fé não tem lugar garantido em editora, emissora ou diocese alguma. O lugar sempre lhe será **concedido**, sempre a título precário. Faz 50 anos que estou nas Paulinas a título precário. Está certa ela, e estou certo eu. Não há contrato de trabalho. É por obra.

Em uma diocese, se mudar o bispo e este seguir outra linha pastoral, prevaleça a nova linha, uma vez que o bispo eleito foi ele e não o pregador. Nenhum pregador deve ser intruso, nem entrão; muito menos deve ser impulsionado por estratégias de marketing agressivas. Deve, sim, sentir-se convidado. Toda vez que o pregador se faz convidar para mostrar sua obra e seu discurso, corre um risco de sentar-se em lugar que não é o seu (Mt 22,11; Lc 14,8). Se uma comunidade não precisar mais dele e não o quiser, como são milhares as comunidades e, sendo a Igreja uma "comunidade de comunidades", haverá sempre alguém que queira ouvi-lo.

***

Nem a missa, nem o púlpito, nem o palco, nem a canção, nem a mensagem nos pertencem. João Paulo II e Bento XVI tocaram no assunto ao falar da Eucaristia. Nenhuma missa deve estar ligada ao nome do celebrante. **Missa de cura** é toda e qualquer missa e não apenas a das 19 horas na quinta-feira, celebrada pelo padre XYZ. Então, o pregador deve aparecer, mas não demais, espere ser convidado, mostre qualidade em sua obra recém-publicada e entregue, sem pretensões, sua nova mensagem. Carteiro que dá show de entrega, às vezes, termina por não entregar mensagem alguma! Escorrega no degrau de subida.

28

ACORRENTARAM A FÉ

Está nos evangelhos com impressionante clareza:

"Ai de vós, doutores da lei, porque tirastes a chave da ciência: vós mesmos não entrastes e impedistes os que queriam entrar!" (Lc 11,52). Dirigindo-se, então, às multidões e a seus discípulos, Jesus disse: "Os escribas e os fariseus ocupam a cátedra de Moisés; portanto fazei e observai tudo o que disserem; mas não imiteis suas ações, porque eles não praticam o que ensinam. Amarram pesados fardos e os colocam às costas dos outros, mas eles mesmos não os querem mover nem com o dedo. Em tudo o que fazem, o que buscam é ser vistos pelos outros. Por isso trazem filactérios bem largos e usam franjas bem compridas nos mantos. Gostam dos primeiros lugares nos banquetes e das primeiras cadeiras nas sinagogas. Gostam de ser saudados nas praças públicas e de ser chamados de mestres pelos outros (Mt 23,1-7).

E dizia em seu ensinamento: "Cuidado com os escribas, que gostam de passear com roupas compridas, de ser cumprimentados nas praças e de ocupar as primeiras cadeiras nas sinagogas e

> os primeiros lugares nos banquetes. Devoram os bens das viúvas e simulam longas orações. Receberão uma condenação mais severa" (Mc 12,38-40).

***

Os textos são contundentes. Atingia os fariseus e saduceus daqueles dias, atinge Papas, bispos, fundadores de igrejas, pregadores, doutores e todos aqueles que anunciam a Palavra e lideram o povo de Deus. Quem deveria ensinar e dar exemplo, às vezes, é quem mais transgride. Se houve os santos e mártires, houve também os incoerentes, carreiristas e até assassinos.

A história de alguns papas, cardeais, bispos, sacerdotes, diáconos, presbíteros, apóstolos e leigos, católicos, evangélicos pentecostais não é narrativa agradável de se lembrar. Também a de alguns rabinos, imãs e mulás associados com a violência de fundo religioso. Não admira que muitos escritores ocultem as mazelas da própria religião ou igreja e destaquem as das outras. É arriscado apontar para os telhados de vidro de outros religiosos quando todas as religiões os têm. A verdade é que, se em todas elas há histórias confortantes de santos e mártires que deram a vida pelo povo e por sua fé, há também os outros.

Está nos anais, nos livros que eles mesmos escreveram e nos testemunhos insuspeitos de sua própria geração. Hoje está nos jornais, nos vídeos, nos depoimentos colhidos pelas próprias igrejas: violência, sedução do poder, alianças espúrias, mentiras, corrupção, pedofilia, gravidez, filhos ilegítimos, até mesmo crimes e massacres perpetrados ou incentivados por autoridades religiosas do judaísmo, do cristianismo, do islamismo, no passado e até mesmo no presente.

São tristes fatos que parecem dar razão aos ateus. Mas estes também têm histórias tristes de ditaduras, de nazismos e comunismos que, em nome da ideologia, massacraram ainda mais gente do que os religiosos. Esquerdistas e direitistas ateus não criaram nem exportaram santidade. O mundo não ficou mais humano por causa deles que gostam de lembrar os desmandos dos religiosos...

Quando, pois, alguém nos fala de papas que usurparam o trono pontifício, de meninos eleitos papas, do filho ilegítimo de um papa que o sucedeu, de papas decapitados e massacrados, de bons e maus igualmente torturados em nome do poder e da fé; quando se leem livros cheios de ódio escritos por fundadores de igrejas; quando se sabe da manipulação inescrupulosa do dinheiro dos fiéis; e quando finalmente se põem a descoberto os erros que vieram da cátedra e do púlpito, a quem crê em Deus não resta senão pedir desculpas por ontem e por hoje. Uma coisa é anunciar o evangelho, outra é vivê-lo.

Há entregadores de pizza que não comem pizza, pois não é o prato preferido deles. Há pregadores que não provam da própria pregação. Sabem de cor o que devem dizer e falam bonito, mas não acreditam no que dizem nem vivem o que pregam. Era disso que Jesus falava em Mateus 23,3: "portanto, fazei e observai tudo o que disserem; mas não imiteis suas ações, porque eles não praticam o que ensinam".

A coerência de vida é um postulado da pregação, mas nem sempre é vivida. Falar e cantar bonito, fingir que crê, orar com emoção, arrecadar para o Senhor e depois gastar demais consigo mesmo, viver no luxo em nome da fé, construir palácios como faziam alguns líderes religiosos do passado remoto e fazem alguns hoje, ostentar riqueza em nome do evangelho são algumas das incoerências que atravessaram séculos, desde Gedeão e Salomão até não poucos pregadores de hoje.

É dor que vem da cátedra. Os fiéis não sabem explicar o que aparece nos jornais. Pode ser mentira e pode ser verdade. Mas, quando está visível e documentado, toda uma igreja sofre com o comportamento de seus grandes ou pequenos líderes.

Há um púlpito que se fez cátedra e que dói sobremaneira para todo e qualquer fiel de qualquer religião ou igreja. Seu líder escreveu aquele livro que tem ódio! Seu líder está envolvido em corrupção e há provas contundentes. Seu fundador teve quatro casamentos. Seu líder vive no luxo. Seu líder fala, mas não vive o que fala!

Nós que pregamos, sabemos de nossas incoerências. Somente nós podemos dizer se é calúnia ou não é. Nós e Deus. Ele vê, Ele viu, Ele sabe! É o caso de orarmos com todas as igrejas para que o Senhor proteja e guarde os que ele chamou para que não se afastem da simplicidade e da humildade e que não se vejam aprisionados pela fama, pelo poder e pela riqueza e, o que é pior, usando os textos da Bíblia para explicar seus atos, seu gosto pelo conforto e sua enorme conta no banco! Serve para os outros, mas serve principalmente para nós. É o caso de ouvir Jesus a nos desafiar que atire a primeira pedra quem acha que não tem ou não terá pecado (Jo 8,7)!

De todos os que precisam de oração e de constante conversão, os primeiros são os pregadores.

29

O PÚLPITO ENVOLVENTE

Olho o púlpito de ontem e o de hoje e me vem à mente a palavra “xaris”, do grego, que pode ser traduzida como “graça, charme, algo mais”. O púlpito de hoje tem um algo a mais e um charme que o de ontem não tinha, embora, em muitos casos, tenha conteúdo bem menos profundo, menos sociológico, antropológico ou teológico. Mas são mais envolventes e encantadores. Antônio Vieira, que abordou magistralmente o comportamento dos pregadores do século XVII, por volta de 1649, em seu “Sermão da Sexagésima”, entrou na questão da palavra que seduz, mas não produz doutrina e catequese correta. Disse que os pregadores de seu tempo pregavam “palavras de Deus, mas não A palavra de Deus”. Disse tudo. Vivesse ele hoje, e visse, e ouvisse televisão e rádio, questionaria outra vez o púlpito envolvente que atrai milhões de olhos e ouvidos, mas não dá a doutrina correta nem doutrina suficiente. É parcial, pragmática e superexalta o pregador, agora transformado em astro de palco ou de televisão.

Falo do que sei e do que fui tentado a viver por quatro décadas. Dizer não e saber só até que ponto ir é um exercício doloroso de ascese. Precisei de ajuda e fui ajudado a estabelecer o limite. Minha imagem não iria além do que eu permitiria. O culto ao pregador é uma das feridas mais dolorosas da Igreja. Deu origem a inúmeras novas igrejas e seitas. Montano, Donato, Ário, por exemplo, foram pregadores urgentes, açambarcantes, absorventes e envolventes. Discípulo deles não poderia ser discípulo de algum outro!... Seria o mesmo que abandonar o Cristo!...

Os fiéis seguiam o pregador e não a pregação. Já nos inícios, Paulo teve de enfrentar o problema dos que eram de Paulo, de Cefas e de Apolo. Jesus não era mais o centro daquelas vidas (1Cor 1,12; 1Cor 3,4-5). O fato se repete hoje, com adeptos agressivos deste ou daquele pregador, que chegam a ofender o pregador que dele discorde, como se um fosse a luz e o outro as trevas. Isso em todas as igrejas cristãs. O culto da personalidade está destruindo algumas igrejas e comunidades.

***

A canção, de longa data, tem ajudado a pregação, mas os novos recursos da mídia, que são hoje o mais novo púlpito das mais diversas igrejas, com pregadores de forte apelo e imensa simpatia, têm trazido, em todas as igrejas, um afluxo, quase caudal, de novos adeptos. Se, um dia, tornar-se-ão crentes, é outro assunto.

Milagres, exorcismos, curas, muletas ao chão, óculos na grama, cadeiras de roda abandonadas impressionam, mas isso porque o pregador ganhou credibilidade por seu charme, pelo entusiasmo, pela maneira de pregar. Há quem goste daquele jeito e daquela forma de anunciar Jesus. Há quem não goste. Quem não gosta terá outros templos e outros pregadores com quem sintonizar. Novas igrejas, novos templos e novos pregadores não têm faltado nesses tempos de mídia farta e ao alcance de todos.

***

Gravei, recentemente, a prece de um deles, de formação pentecostal que pedia a Deus curar 49 doenças. Ou ele as conhecia, por ter estudado medicina, ou lera alguma lista na Internet. Queria atingir o máximo de fiéis, então aquela parecia uma boa proposta. Chamava-as de demônios. Assim, em dez minutos de oração, afirmou que Deus estava curando as vítimas de irritabilidade, motilidade, obstrução pilórica, agranulocitose, miastenia, infarto do miocárdio, e, assim por diante, citou 49 doenças. Gravei o programa. Em algum lugar, alguém teria aquela doença. Se a pessoa não se converteu, ao menos foi tocada e ficou o convite.

Qualquer fiel menos instruído, que ouve um pregador entusiasmado a pedir a cura da enfermidade que o aflige, sentir-se-á incluído. Entre milhares, talvez milhões de ouvintes e telespectadores, é impossível que não haja pelo menos uns dois mil com algumas daquelas enfermidades.

***

É pregador confundindo graça alcançada com graça pedida; simpatia e charme eficaz. Embora garantisse que, naquele momento, fiéis estavam sendo curados, tática muito comum entre alguns grupos pentecostais, não havia como verificar sua garantia. De fato, milhares desses novos pregadores na Igreja católica e nas evangélicas ou pentecostais garantem que, durante sua prece, "demônios estão caindo por terra". Se conseguem tais curas naquela hora, ninguém verifica. Mas as palavras produzem seu efeito em alguns irmãos mais carentes de atenção. Alguém se lembrou de sua perplexidade e de sua dor.

***

É o novo charme do novo púlpito. Tem luzes, cores, closes, flashes, detalhes que, ontem, o fiel não via. Tem testemunho do fiel curado para milhões de espectadores. Jesus, segundo alguns evangelistas, às vezes, levava para um canto ou para fora da vista do povo (Mc 8,23) e propunha, depois da cura, que não dessem testemunho (Mt 8,4; 9,30; 16,20;17,9). Hoje a proposta é bem mais proselitista e segue o caminho inverso.

Uma câmera e um microfone estão a postos para mais um testemunho de que Jesus foi outra vez eficaz e, é claro, naquele grupo de cristãos! Apoiam-se mais em Mateus 10,27, que sugere que se proclame a Boa-Nova de cima dos telhados. Por que silenciar se o milagre aconteceu? Marcos 8,30 e Lucas 9,21 sugerem que Jesus proibia severamente que dessem testemunho. Nem sempre lhe obedeciam.

***

O púlpito envolvente tem feito muitos novos adeptos. E, em geral, o pregador incentiva o fiel a testemunhar a favor de Jesus naquela igreja; vale dizer, a seu favor! Seria mais digno de crédito o pregador que chamasse os que foram curados em outros templos e outras igrejas para testemunhar o que Jesus fez a um católico ou a um evangélico de outra igreja ou de outro movimento. Não tem sido essa a práxis. O "aqui" tem tido uma força avassaladora. O Jesus, que cura ali, aparentemente não cura "lá"... Não há ecumenismo que viceje em um ambiente assim parcial.

30

JESUS ESTÁ ME DIZENDO...

Depois de, pela quarta vez, ouvir o rapaz que dava a palestra afirmar que Jesus estava lhe dando algumas profecias, sacerdote católico que sou, com o mesmo direito e dever dos sacerdotes que apoiam tais testemunhos, procurei-o com algumas perguntas.

– Você admite que por ser ministro ordenado tenho alguma autoridade sobre você?

– Admite que, por meus estudos e minha idade, sei mais do que você?

– Admite que um sacerdote o corrija?

Disse que sim. Prossegui, então, falando-lhe de Jeremias 14,14 e de todo o capítulo 23 do mesmo profeta. Mostrei-lhe Mateus, todo o capítulo 23 e, ainda, Mateus 7,15-23. Citei também, como sempre o faço, Mateus 24,24-26. Foi um bom começo de conversa.

Perguntei-lhe se ele podia provar que Jesus lhe falava aos ouvidos, porque é grave alguém dizer que recebeu uma profecia que, na verdade, não recebeu. Isso de "Jesus me disse", "Jesus está me dizendo" pode ser ilusão da pessoa. A Igreja admite a existência de aparições, visões e revelações particulares, porque Deus tem poder e misericórdia para isso, mas acentua a palavra particular. Não é revelação oficial e não pode ser transmitida sem a devida licença das autoridades. E não basta que um padre amigo o permita. O bispo precisa examinar cada recado ou revelação dos que se proclamam ouvintes ou videntes.

Ele não sabia disso! Tinha aprendido que podia dar testemunho e nunca ninguém o havia questionado em seu movimento. E eu lhe disse que, se quisesse ficar com a palavra do padre de seu movimento, que também anda espalhando revelações pessoais que ouve e até vê, ficasse, mas estaria escolhendo um mestre segundo seus desejos. Na doutrina da Igreja, vale o que é oficial. E o oficial é que não se deve incentivar visões e revelações, nem as anunciar sem o devido conhecimento das autoridades a quem cabe o discernimento. Os professores de Direito Canônico, Dogma e Moral poderiam explicar-lhe em detalhes o que a Igreja pensa de novas doutrinas ou novas revelações. Por isso o que ele dissera sobre Maria era errado. Ela foi escolhida para mãe de Jesus não por ter sido uma "virgem pura", mas sim por ter sido pura, ouvido a palavra de Deus e a colocado em prática. O acento não era nem a virgindade nem a maternidade, mas a coerência de ouvir e fazer (Lc 11,27-28). Fazia eco ao que Jesus ensinava em parábolas. *Qual dos dois fez a vontade do Pai? Ide e fazei o mesmo! (Mt 21,31; Lc 10,25-37).* A santidade está em ouvir e praticar, nisso Maria foi modelo! A catequese dos primeiros cristãos era clara: valia a atitude coerente!

Disse-me que um padre havia ensinado que, se Maria não fosse virgem, não teria sido escolhida. Alertei-o para o exagero dessa afirmação, pois não é o que a Igreja ensina. Ela valoriza a virgindade e o celibato, mas não o supervaloriza a ponto de negar que uma mulher casada e com filhos não merecesse ser mãe do Filho de Deus. No caso de Maria, ela era virgem, mas, se Deus tivesse escolhido uma boa mãe para, dessa vez, ser mãe do Messias, nossa teologia a exaltaria do mesmo jeito! Não amamos Maria porque era virgem, mas porque era fiel e coerente, além de ser virgem! Há muitas virgens nada coerentes! Nem matrimônio nem virgindade rimam com coerência. A pessoa tem de ser coerente!

Fiz minha parte. Alertei-o para não usar microfones garantindo que Jesus lhe dava recados naquele momento. Que falasse com o bispo e com sacerdotes experientes na formação da consciência dos fiéis.

De nada adiantou. Dias atrás, liguei a televisão e lá estava ele dizendo que Jesus lhe dizia coisas ao ouvido! Mística e ética de pregador são coisas sérias! Imagino que alguém lhe tenha dito que ele está certo em revelar na hora e ao microfone suas revelações particulares sem prestar conta alguma às autoridades da diocese. É como se o bispo dissesse: tudo o que Jesus lhe pedir que diga eu assino embaixo!

Não sei de nenhum bispo que faz isso. Nem pode!

31

PREGAR EM CONVIVÊNCIA

Espiritualidade tem a ver com a capacidade de conviver com o vento que sopra de lado, de baixo, de frente, à ré e de cima. Aviadores, marinheiros, baloeiros e navegadores sabem que os ventos não sopram somente neles e para eles, sopram em todos e para todos. Mas como aqueles ventos sopram também sobre eles, como primeira regra, aprendem que precisam saber o que fazer com seus veículos quando o vento sopra e como flutuar ou navegar sem colidir com os outros nem espatifar nas ondas, na rocha ou no solo. Eles sabem navegar. A espiritualidade é essa arte de saber conviver com o Céu e com a Terra. Não é seguir o capricho do momento nem se deixar levar pelas águas ou pelo vento: é remar e saber por onde e como se vai. É ter rumo e direção. É crer no Deus, que fala sempre por outras pessoas e por sinais, e não no Deus, que fala exatamente o que o povo quer ouvir naquela hora. Na pregação verdadeiramente espiritual, o "falou aos profetas" tem mais força do que o "está me falando agora". No primeiro, salienta-se o outro e, no segundo, salienta-se o "ego" do pregador.

Espiritualidade tem a ver com sopro do alto e da terra e com o que o indivíduo soprado faz com ele. Só pode dizer que tem espiritualidade o sujeito que, em vez de ser soprado pelo vento e ir aonde o vento vai, aprende a ir aonde deve ir sabendo valer-se do vento. Enfim, marinheiro em um barco de velas corretamente enfunadas. Velas ao vento, cabeça a serviço do Espírito Santo. E, se chamamos o Espírito Santo de iluminador, é melhor que tenhamos um cérebro com algum conteúdo a lhe oferecer para que ele o ilumine. Ponha alguma coisa nas pastas de seu computador, se quer extrair delas alguma coisa.

32

PREGAÇÃO ECUMÊNICA

Já vi piedosos católicos torcerem o nariz ao saberem que falei em uma igreja pentecostal, em uma batista, presbiteriana e que fui lá. Só não perguntaram se fui com a licença do bispo, se fui em meu nome ou em nome de nossa Igreja, nem quiseram saber o que ouvi e o que eu disse.

Alguns irmãos, pouco ou muito antiecumênicos, acham um crime um bom filho de mãe santa e pecadora elogiar a mãe do outro, que também é santa e pecadora. Acham perigoso e pecaminoso elogiar a laranjeira do quintal dos outros. De repente, as pessoas vão querer comprar as laranjas dos outros e não as nossas...

Mas isso é comércio e marketing, não fé. A fé supõe verdade e caridade. Não tenho porque trocar de mãe, mas, se a mãe do outro é boa, falarei bem dela. É mais do que questão de ecumenismo, é honestidade e boa educação.

33

CATÓLICOS ANTIECUMÊNICOS

Quando menino, aos dez anos, não sei por que cargas d'água neguei-me a ser beijado pela mãe de meu amigo e virei o rosto para outro lado. Até hoje não sei por que fiz aquilo, posto que era uma senhora gentil e o filho dela era meu amigo. Minha mãe, prontamente, corrigiu-me e exigiu que eu a cumprimentasse, como se deve fazer, e aceitasse o beijo. Mais tarde, aquele gesto de minha mãe me ajudou a entender por que devemos respeitar Maria, a mãe de Jesus, e por que eu devo respeitar a igreja-mãe dos outros, mesmo que discorde do que eles ensinam.

Na verdade, tenho quatro mães: Dona Divina, a que me gerou e me deu à luz, a mãe Terra, a mãe Maria de Jesus Cristo e a mãe Igreja. E há uma quinta mãe que preciso respeitar, mesmo que discorde dela em alguns pontos: é a mãe igreja dos outros...

Se já dei a entender que acho as igrejas todas iguais, quero corrigir essa imprecisão. Não acho as mães todas iguais nem todas do mesmo nível. Pela pregação e pelos métodos, discordo fortemente de algumas igrejas que atuam na televisão de hoje. Não é conteúdo com o qual eu possa concordar, mas a seu modo todas as igrejas são mães. Entendo, porém, que há mães com maior conteúdo de maternidade. É o que penso da minha Igreja, embora saiba que irmãos de outras igrejas apontem para as suas como mais profundas, mais pedagógicas e mais sensíveis ao mundo. Direito deles. Como me considero católico, por isso ecumênico, não abro mão de dizer que vejo, em minha Igreja, mais valores do que nas outras. Só não ouso dizer que, por isso, nós católicos somos mais santos. Uma coisa é ter mãe santa e outra é ser um filho que aprendeu com a mãe.

Para mim ser ecumênico não é nivelar as igrejas nem achar minha igreja igual às demais. Posso achá-la com mais conteúdo e ainda assim admirar outros valores das outras. Eu via mais valores na minha mãe, mas admirava outras mães por sua cultura e seu jeito de serem mães dos meus amigos. Nunca jamais pensei em trocar de mãe. Nunca pensei em deixar de ser católico. Faço com minha Igreja o que fez Pedro diante de Jesus. Não foi embora do Mestre, porque não acharia outro com conteúdo igual...

34

APRENDER COM OUTRAS IGREJAS

Mesmo com diferenças abissais na doutrina, podemos e devemos aprender com a comunicação de outras igrejas. É o caso de algumas igrejas pentecostais de agora. Acompanhei algumas delas desde o início, porque alguns dos pregadores me procuravam por admirarem meu caminho como sacerdote e compositor de canções. Desde cedo, usaram de uma linguagem que atraía os jovens. Tornaram-se, intencionalmente, Igrejas espetáculo. A maneira como seus líderes pregam, sempre de forma dramática, emotiva, até com lágrimas, tudo na hora certa mostra que quiseram seguir este caminho de atores pregadores. Se há pregadores cantores, médicos, advogados, por que não pregadores atores? E eles atuam! É um espetáculo vê-los atuando no palco diante das câmeras. Sabem usá-las.

***

Seus shows são cuidadosamente produzidos. Em alguns deles, há mais de 100 jovens no palco, liderados pela fundadora daquela igreja que domina o mundo da canção e as câmeras. Há outros nos Estados Unidos e em outros continentes. Há grupos de dança detalhadamente preparados, músicos da melhor qualidade, ritmos envolventes, letras convidativas e melodias fáceis de cantar. Estamos falando de arte. Não hesitam em gastar fortunas na produção. Trajes, bem cuidados, luzes, instrumentos, tudo aponta para um louvor riquíssimo para Deus. A Bíblia mostra que, no tempo de Davi, rei, os louvores eram coisa estrondosa e extraordinária. Cantores moravam em tendas perto do templo onde se revezavam. Davi pessoalmente distribuía os turnos. Ele também fora músico e cantor. Hoje algumas igrejas investem ricamente nessa pastoral porque ela atrai, principalmente os jovens.

Podemos e devemos aprender com a arte deles, como alguns deles dizem que aprenderam comigo e outros compositores católicos. Mas a verdade é que eu nunca produzi um show com a força de comunicação dos shows deles. Se eles, os evangélicos, tiveram Bach e Haendel, e outros, nós tivemos Santo Efrém, Palestrina, Vivaldi e outros. No passado as igrejas investiam muito mais em música. Hoje, a preocupação com a formação dos cantores e músicos é grande. Os documentos são muitos, mas os investimentos, não!

***

Discordo da doutrina, das ideias e da teologia deles, mas devo admitir que acharam a linguagem. Em toda a Igreja Católica no Brasil, com raras exceções, não há como produzir um show como eles produzem. Mesmo tendo capacidade, não produzimos porque não se investe nessa linguagem. Nossos shows são mais modestos e, em muitos casos, amadores demais. Eles trabalham com maestros, coreógrafos e músicos de primeira linha. Como resultado, encantam os jovens. Não foram poucos os que migraram para igrejas pentecostais por causa da arte e da música. Parecem-lhes Igrejas que se mexem.

A um casal de jovens que me perguntou porque nossa Igreja, com tantos autores, cantores, músicos de qualidade, não investe no espetáculo respondi que não temos o dinheiro e não parece ser prioridade entre nós. A meu ver, não deve mesmo ser prioridade. Mas poderia ter mais espaço. Os empresários não investem, as dioceses não têm dinheiro e não temos a cultura do dízimo. Se a tivéssemos, pelo número de fiéis que caminham conosco, teríamos dinheiro de sobra para tentar essa via. Esse tipo de linguagem custa caro. Nosso dinheiro, porém, é muito mais investido em hospitais, creches, asilos, seminários, orfanatos, escolas e obras sociais. Não é que eles não o façam, mas entre eles o dinheiro vai maciçamente para erguer novos templos e, em algumas igrejas, para produzir esses espetáculos-mensagens que conquistam mais fiéis. Suas obras sociais são bem mais modestas. Apostam no louvor e na conquista de novos prosélitos.

Como eu disse, discordo de muitas coisas deles, mas admito que esse deveria ser um caminho mais comum entre nós. Afinal, somos cerca de 130 milhões de católicos e investimos muito pouco nesse tipo de mensagens. Nosso canto, mesmo quando rico de conteúdo, tem orçamento mais modesto. Se vai mudar, não sei. Mas penso que traria maiores resultados pastorais.

35

ENTRE O LEVE E O PESADO

Nem tudo que parece leve é leve, nem tudo o que parece pesado é pesado. Mas há pregações que mais flutuam do que pousam e há outras que, de tão pesadas, emperram e afundam a assembleia.

Refiro-me a dois tipos de pregações e de pregadores: os que, sem fundamentação, mergulham o tempo todo na denúncia política, fruto de paixão do pregador despreparado, e os que, também fruto de paixão de pregador despreparado, que se considera salvo por Jesus, sermão após sermão, apontam para a libertação pessoal que vem do céu como se não houvesse um mundo a ser resgatado aqui e agora.

Eles me lembram os três restaurantes da pequena e fictícia cidade de Nuevos Cielos. Havia lá dois restaurantes, que serviam o que os donos achavam bom para a cidade. Assim, um era *heavy* e o outro, *light*. Um servia apenas churrasco, macarrão, pão italiano e verduras; o outro, apenas sopa de legumes e chás. Quem quisesse qualquer outra substância tinha de sair da cidade. Não havia escolha de outros pratos.

Um dia, um cidadão que veio de fora percebeu que o povo queria outro tipo de comida. Assim montou um restaurante com oferta de mais de 50 pratos, alguns leves e outros pesados, o tempero ao gosto do freguês. Em seis meses, os dois outros restaurantes fecharam. Tinham tanta certeza de que jamais perderiam para a concorrência que não se preocuparam em ver as reais necessidades da população que, às vezes, quer alimento leve e, às vezes, quer mais substancioso. Se podiam encontrar tudo em um só lugar, por que ir a outro?

***

Deu-se o mesmo com as paróquias da cidade. Dois pregadores atraíam o povo, um com pregações emotivas e repetitivas, muito pouco estudadas e preparadas. Era a mesmice de todos os dias, cheia de: *portanto, por conseguinte, Deus quer, Deus deseja, Jesus manda, entregue seu coração para Ele...* Quase nenhuma citação de documentos, pouquíssima informação. Era um devocionista incorrigível.

O outro era da pesada. O tempo todo entrava em temas políticos. Praticamente colocara seu púlpito a serviço da esquerda na qual ele acreditava. Queria mudanças políticas na cidade e emprestava o púlpito para isso. Os fiéis já sabiam como ele terminaria o sermão. Propunha ação política, porque era um ativista político incorrigível.

Foi criada uma nova paróquia, e o pároco com estudos em Roma e Liege, passagem por Angola e África do Sul, conhecedor dos sofrimentos dos pobres e também dos ricos que perderam tudo, tinha um discurso realista. Às vezes, falava de fé, paciência, graça de Deus e louvor. Mas, de acordo com o tema da missa, entrava em cheio na questão social. E mostrava aos fiéis os textos dos papas e das conferências episcopais na quais se baseava. O padre era sólido, não dizia nada sem provar de onde tirara aquele ensinamento. Ia para o púlpito com os livros e as anotações. Era erudito e popular, nem por isso menos simpático.

Em cinco meses, os fiéis lotaram a nova paróquia, para preocupação dos dois outros que tinham escolhido dar aos fiéis uma visão parcial da fé. Como no caso dos restaurantes com relação às comidas, apareceu alguém que lhes dava uma visão aberta e holística dos evangelhos. O povo se sentiu mais livre para escolher. E escolheu o diastólico, já que os outros dois discursos eram fechados em um só tema.

***

Moral da história: quem tem cabeça para entender, já entendeu!

36

ALVOS, ACENTOS E ASSENTOS

Uma coisa é mirar o alvo e errar, mas chegar perto. Outra é atirar a esmo, ou ser displicente no uso do arco. Uma coisa é acentuar corretamente e, outra, acentuar errado. Uma coisa é tomar o assento certo e outra é sentar-se errado e em lugar errado.

Há os que se assentam em cadeiras que não lhes foram destinadas. Usurpam-nas. Há os que acentuam em excesso e seus exagerados acentos pervertem o sentido das coisas. Há os que miram errado, por isso erram o alvo.

Não há nada de humilhante mirar o alvo, querendo acertá-lo, mas errar. Ninguém é tão perfeito que acerte tudo. Humilhante é atirar de qualquer jeito e sem nenhuma atenção nem preparo só pelo fato de atirar. Pior ainda é quando a pessoa nem alvo tem.

A vida é feita de muitas atitudes. Entre elas, também de alvos, acentos e assentos. Miremos bem, acentuemos corretamente e sentemo-nos em lugares que nos pertencem, porque mirar errado, exagerar nos acentos e usurpar assentos nunca fez bem, nem ao indivíduo nem à comunidade. Repensemos nossas metas e nossos meios.

37

CULTURA DE PENTECOSTES

Ouvi, tempos atrás, um pregador no rádio a falar da "cultura de pentecostes" e do "povo de adoradores radicais". Não se aprofundou, por isso não sei o que ele quis afirmar. Se explicasse em que consiste essa cultura dentro da cultura cristã e dentro da Igreja católica e o que significa ser um "adorador radical", seria mais fácil dialogar com ele. É que sigo uma linha diferente, ainda que não oposta: eu me considero pregador da cultura do coração solidário e penso que sou um adorador moderado. Sigo ou tento seguir Mateus 5,23-26. Lá, Jesus diz que a oferta diante do altar espera. "Radical" é criar um clima de paz. A oferta pode vir depois. O diálogo tem de vir agora, já.

> Se, portanto, fores levar tua oferta ao altar e aí te lembrares de que teu irmão tem alguma coisa contra ti, deixa tua oferta lá diante do altar e vai primeiro fazer as pazes com esse irmão e depois volta para fazer a oferta. Entra logo em acordo* com teu adversário, enquanto caminhas com ele, para não acontecer que ele te entregue ao juiz, e este ao guarda, e assim sejas preso. Na verdade, eu te digo: de lá não sairás, enquanto não pagares o último centavo.

Então, não acho que basta louvar e orar. Releio Mateus 7,15-23 e vejo que Jesus põe a justiça em primeiro lugar. Primeiro justo, depois adorador.

Posso citar mil passagens bíblicas que apontam para o louvor e outras mil que apontam para a justiça, a fraternidade, a caridade e a ajuda aos irmãos como caminho de luz, de paz e de salvação. Sei também que há centenas senão milhares de outras que mostram que a oração salva e liberta. Entendo então que é preciso agir e orar. Em um caso, nós abrimos a porta do lado de fora. No outro, Deus a abre do lado de dentro.

Nada de diminuir o valor da oração, mas também nada de diminuir o valor da luta pela justiça. É tão alienante só rezar (Mt 7,21-23) quanto é alienante só falar de política e de justiça social; tão alienante fugir da oração quanto fugir da política. Estão redondamente enganados os que pensam que pregador que fala de política não tem espiritualidade, às vezes, quem só reza é que não a tem. Onde falta misericórdia e compaixão não há espiritualidade séria. Exemplo: cerca de 90% dos membros de determinado grupo têm boa saúde. Reúnem-se todas as quartas-feiras. Há um acidente pavoroso na rodovia vizinha, e o hospital solicita doadores de sangue; nenhum dos adoradores de quarta-feira vai lá!... Que tipo de espiritualidade tem aquele grupo?

38

CRISTÃOS OU PENTECOSTAIS?

Leio, em um livro bastante divulgado, que, antigamente, à pergunta "És cristão?" se respondia com "Sim, sou cristão pela graça de Deus"; mas agora seria o momento de responder "Sim, sou carismático pela graça de Deus".

Imagino que a intenção do autor tenha sido pura. Quis dizer que nenhum cristão deve esquecer os carismas que vêm com a fé cristã. Mas, não explicado, pode também significar que o cristão carismático deu um passo à frente dos outros. Aí eu começo a questionar. Deu? Qual passo? Dar a entender que ser cristão é ser menos do que ser carismático leva a que conclusão? É passo de crescimento ou de desvio?

No mesmo livro, leio que o orientador deve "fazer seus jovens orarem em línguas porque quem não ora em línguas não cresce". Eu, professor de comunicação católica, também catequista como o autor, reajo. E o Papa, os bispos e cardeais, os sacerdotes, os 98%, 99% católicos que não oram em línguas não cresceram? Não é superdimensionar um dom que o próprio Paulo disse ser menor do que os outros carismas? Não há católico que não tenha lido o que Paulo falou sobre esse dom.

Não somos uma Igreja pentecostal. Somos uma Igreja cristã, segundo definição do Catecismo da Igreja Católica. Nosso acento principal não é o Espírito Santo, mas sim o Cristo, embora saibamos que, na Trindade, uma pessoa não age sem a outra, posto que há perfeita unidade na Trindade. Mas o acento da Igreja Católica é o Filho encarnado, o Cristo. Acentuamos a Segunda Pessoa da Trindade. Somos, pois, uma Igreja cristã e não pentecostal, embora adotemos também o Pentecostes como mística e cultura, desde que o centro de nossa vida seja o Filho encarnado, morto e ressuscitado. Discursos precisam ser claros, porque, se não o forem, podem doer no pregador e nos ouvintes!

39

O LADO DE DENTRO

Encaro o céu como o lado de dentro da vida. Por enquanto estamos do lado de fora. O céu é como tudo começou e para onde tudo irá um dia. Deus está lá e também no lado de fora, porque sua vida transbordou ao criar o Universo. Ele é "onipresente". Nós somos apenas "presentes". Dependemos do aqui, mas somos convidados, pela justiça, pela compaixão e pela caridade, a criar a paz a nosso redor e, com isso, do lado de fora, a abrir, nós mesmos, as portas do céu. Ele tem dois tipos de fechaduras: as de dentro e as de fora. Se Deus abrir as de dentro e não cooperarmos abrindo as de fora, não entramos por incompetência nossa. Agimos como o bêbado que tem a chave, mas não acerta o buraco.

Somos convidados a falar com Deus e com os santos, a recorrer a Jesus, o Filho, em oração. De tanto orar e tocar a campainha do céu, Ele nos abre as portas do lado de dentro. Então o céu se abre a nós, mas fica faltando nossa parte. Estradas não nos levam, nós que temos de ir por elas. Se você abrir uma porta e o de fora não quiser entrar, a culpa não será sua!

Estou convencido de que Jesus tem as chaves do futuro, que o futuro é o Reino de Deus e o céu e que as portas são muitas. No céu espero ver muitos seres humanos bons que chegaram lá por outras portas. É minha forma de ser ecumênico. Jesus deu a entender que é assim. Releio Mateus 25,31-46 e me torno cada dia mais ecumênico, por isso mesmo, cada dia mais católico.

40

COMUNICAR EM PROVEITO PRÓPRIO

Em qualquer mística fundamentada nos evangelhos está claro, como a luz do dia, que ninguém pode usar a Palavra de Deus para enriquecer ou levar vantagem com ela. Ou nosso dom favorece a todos ou não responde à proposta cristã. Fundamentar-se apenas no Antigo Testamento e omitir ou ignorar as exigências de Jesus e dos apóstolos quanto à destinação da riqueza é sofismar.

Fere demais a Igreja, os outros pregadores e ao próprio pregador o uso do púlpito e da mídia religiosa em proveito próprio. Quando o pregador, seja ele de qualquer igreja, aufere lucros que vão para sua conta pessoal, ostenta excessivo conforto e tira vantagem após vantagem da formação que sua Igreja lhe deu, tal pregador fere os fiéis e a Igreja que o formou. O povo não dá dinheiro para enriquecer o pregador, mas para que sua igreja cresça.

Simão, o Mago, quis os dons dados aos apóstolos para proveito pessoal. Já era tratado como um semideus (At 8,10). Se tivesse também aqueles carismas, seria ainda mais famoso do que era. Propôs a compra de um lugar entre os apóstolos. Ouviu o que tinha de ouvir. Os apóstolos não mostraram a menor tolerância. Amaldiçoaram seu comportamento. Misturara as coisas...

> Impunham as mãos sobre eles, e recebiam o Espírito Santo. E Simão, vendo que o Espíri-

> to Santo era dado pela imposição das mãos dos apóstolos, ofereceu-lhes dinheiro, dizendo: "Dai-me também a mim esse poder, para que receba o Espírito Santo aquele a quem eu impuser as mãos". Mas Pedro replicou-lhe: "Pereça teu dinheiro, e tu com ele, porque pensaste que podias comprar com dinheiro o dom de Deus! Nisto aqui não tens parte nem herança, pois teu coração não é reto diante de Deus. Arrepende-te, pois, desta maldade tua e reza ao Senhor para que, se possível, este pensamento de teu coração te seja perdoado; pois vejo que estás na amargura do fel e nos laços da iniquidade". Simão respondeu: "Intercedei vós mesmos por mim junto ao Senhor, a fim de que não me aconteça nada do que acabais de dizer" (At 8,17-24).

Nos dias de agora, nas mais diversas igrejas, há os pregadores desprendidos e pobres e há os outros que visam ao lucro e dele auferem parte substanciosa. Basta verificar que vida levam, que obras têm seu nome e a quem realmente destinam o que recebem. São pregadores ricos. A pregação os enriqueceu.

Séculos atrás, era comum que papas, cardeais, bispos e, mais tarde, pregadores de igrejas evangélicas se associassem ao poder e construíssem palácios vistosos para si. Viviam ricamente. Na Igreja católica e também nas evangélicas, houve notáveis mudanças. Por séculos não se via mais pregadores ricos.

Com o advento da mídia e das chamadas igrejas eletrônicas, outra vez apareceu a figura de pregadores que enriqueceram. Tornaram-se empreendedores. Boa parte do dinheiro veio dos fiéis e foi dada não a pregador, mas à igreja.

Esses não ocultaram sua riqueza. Abertamente declararam que o Senhor lhes dava aqueles bens por terem sido fiéis. E não faltaram passagens bíblicas para explicar seu rápido enriquecimento.

A cada dia que passa, fica mais difícil um pregador de qualquer igreja cristã, seja ele sacerdote, leigo ou leiga, explicar sua riqueza pessoal adquirida com canções, escritos, aparições e shows. É dom da Igreja mais do que deles. Conforto é uma coisa e riqueza, outra. Se há textos que explicam tantos bens adquiridos com a pregação, também os há contra o uso da graça e da remuneração que vêm do púlpito em proveito próprio.

O tema é controvertido, mas está cada dia mais claro para os fiéis cristãos que há limites para a riqueza dos pregadores. Púlpito não rima com cifrão!

41

PREGAÇÃO TRIUNFALISTA

Não foram poucos os pregadores que, ansiosos por ensinar a verdade como a viam, foram pegos na mentira e no engano. É uma das consequências da pregação triunfalista. O pregador acha que está certo porque sente que está certo. E não basta sentir. Tem de ouvir, comparar, estudar, repensar e mergulhar na reflexão cada dia mais humilde.

Na ânsia e na pressa de provar que os outros estavam errados, milhares de pregadores foram pegos em erros colossais. Viam o demônio nos outros e não perceberam o demônio que estava neles e em seu grupo. Muitos, na ânsia de mostrarem o verdadeiro catolicismo, acabaram se desviando dele. Salomão, o rei magnífico e triunfalista, nos tempos mais antigos, construiu um templo para Deus, mas fez para si um palácio ainda mais rico e terminou seus dias adorando os deuses de suas mulheres e concubinas. O rei Henrique VIII da Inglaterra, antes protetor da fé católica, tornou-se fundador de uma igreja separada de Roma. Hoje, o diálogo entre os católicos romanos e os católicos anglicanos é intenso. Não naqueles dias. Thomas Morus, advogado e chanceler do reino, morreu por não ceder ao rei que desejava estabelecer outra moral matrimonial em favor de si mesmo. O monge Lutero fundou outra igreja. Quis corrigir o catolicismo e optou por livros que julgava mais autênticos. Escreveu um libelo duríssimo contra a Igreja na qual se ordenara sacerdote. Foi duramente combatido. A querela tornou-se política. Eram as verdades de Lutero contra as do Papa de Roma.

Lutero foi corrigido por outros seguidores seus que fundaram outras igrejas dissidentes. Se o ex-monge podia, eles também podiam dar sua versão da Bíblia. Igrejas que ontem mesmo nasceram com intuito de mostrar a verdade sobre Jesus com novas revelações do Espírito Santo para nossos dias, em menos de 50 anos, geraram, no mínimo, dez outras igrejas que disputam os fiéis umas das outras. Está visível na televisão quem veio de qual igreja e quem foi para tal igreja.

Quando triunfalmente declaramos que o Senhor nos chamou para reformar nossa Igreja e salvar o mundo que nossos colegas de ontem não conseguiram salvar, é melhor que sejamos tudo aquilo que dizemos ser: profetas certos do jeito certo. Em poucos anos, o profeta acaba desmascarado porque seu próprio grupo começa desviar de sua nova doutrina, o dinheiro escuso penetra a nova igreja e doutrinas estranhas infiltram-se no novo templo.

Mostrar sua verdadeira face corre-se o risco de mostrar a face que imaginamos que ele nos mostrou e não a verdade como ela é. Assim corrigimos a imaginação errada dos outros com nossas imagens erradas de Deus. No dizer do bispo escritor e apresentador de televisão dos anos 60, Fulton Sheen: provamos que 2+2 não são 5, mas acabamos garantindo que são 6... A emenda sai pior do que o soneto.

Os triunfalistas, que acham que sua maneira de ver a fé ou sua Igreja é a mais adequada, correm o risco de não ouvir os outros nem os valorizar. Com o tempo se isolam.

42

ENTRE ÁGABO E SIMÃO

Para quem não se lembra, Ágabo foi um profeta leigo que, por palavras e atos, provou que o Senhor estava nele. Os apóstolos o respeitavam (At 11,28-30; 21,8-13). Naqueles dias também havia virgens profetizas, que provaram por atos e atitudes que o Senhor estava nelas. E houve os falsos e estrepitosos, ávidos de publicidade, que faziam apenas golpe de cena. Fingiam ser profetas que não eram. Simão o Mago (At 8,9-24) e os filhos de Ceva são exemplos disso (At 19,13-17). Já no tempo de Jeremias, 650 anos antes de Cristo, havia os sérios e os teatrais e interesseiros a quem convinha posar de profetas (Jr 14,14).

A televisão, hoje, está pródiga de profetas, alguns como Ágabo e outros como os sete filhos de Ceva; bons e falsos, serenos e espetaculares. Não são poucos os que frequentam teologia para conseguir diploma e depois agirem como se nunca tivessem estudado naquelas faculdades. Elas serviram de trampolim para esses falsos profetas. Precisavam de licença para pregar e não a conseguiriam sem uma faculdade, posto que, em uma igreja séria, não seriam ordenados nem padres nem pastores. Então foram, ouviram, passaram nos exames, mas agora não pregam nada daquilo que lhes foi ensinado. Alguns dormiam durante as aulas mais exigentes. É testemunho de seus próprios colegas. Já tinham sua própria doutrina, só lhes faltava um diploma.

Não foram éticos. Dez anos depois, diante dos exorcismos, das profecias, dos anúncios de anjos e demônios em ação e outras pregações que fogem da doutrina de sua Igreja, alguém pergunta onde estudaram, e eles dão o endereço da Faculdade de Teologia que lhes deu o título, mas cujo ensinamento eles não praticam. Pega mal para aquela instituição que, certamente, não ensinou o que eles pregam.

Recentemente, deparei-me com um pregador que fazia sessões de quebra de maldição, libertação da antiga culpa dos antepassados e purificação da árvore genealógica, coisa que, em seu curso de Teologia, foi vivamente criticado como gesto não cristão, posto que o Cristo já as quebrou, e Paulo o atesta em mais de cinco passagens de seus escritos. Os estudos bíblicos daquela faculdade de nada valeram. Já tinham a intenção de seguir outro pregador, mas este não podia lhes dar o título. Foram lá enganar a faculdade. Simão o Mago quis fazer o mesmo, mas os apóstolos reagiram. Nem todas as igrejas e escolas fazem o que os apóstolos fizeram: eles não aceitaram ser usados por profetas com doutrinas estranhas a sua escola de fé.

Pseudo-Ágabos com frequência profetizam, a cada fim de ano. Lembram os videntes de fim de ano. Fazem parte do mesmo fenômeno. Garantem, na televisão, debaixo de intensos holofotes, com rostos de santos iluminados, que o tempo da dor e do sofrimento acabou. Proclamam, com voz solene, um tempo de vitória para seu povo. Humildemente, pedem mais contribuição para que a vitória seja completa e garantem que, no ano seguinte, seus ouvintes só colherão graças e vitórias.

Não há profecia nisso! Todo mundo sabe que, no espaço de 365 dias, colhem-se graças e vitórias. Por causa do novo Ágabo fica a promessa de que "só" colherão isso. Se acontecer uma perda, um acidente, desemprego ou alguma eventual derrota, o novo profeta espalhafatoso, iluminado pelos holofotes da televisão, dirá que foi vontade do céu, e não tocará no fato de que, no dia 25 de novembro, predissera o fim dos sofrimentos. É o velho truque do marketing que prediz graças e milagres em nome do céu, com a possibilidade de sempre explicar por que não aconteceu do jeito que foi predito.

Entre Ágabo e Simão, os fiéis de todas as igrejas são convidados e discernir quem, de fato, é profeta sincero e quem faz papel de profeta que não é. O tempo, mais breve do que eles esperam, mostra quem disse a verdade e quem se enganou ou mentiu para ganhar audiência e adeptos. É um problema que todas as igrejas precisam resolver, o quanto antes! Se não reagirem, eles continuarão predizendo um futuro brilhante sem dor alguma, como os profetas que Jeremias enfrentou (Jr 14,10-15).

43

O CARISMA DA ABRANGÊNCIA

Há católicos que não conseguem ser abrangentes. Fixam-se em um só grupo e dali haurem todo o seu catolicismo. Não lhes passa pela cabeça que um grupo não tem tudo o que um católico precisa para crescer na fé. Bons formadores e educadores são os primeiros a mostrar que, além de beneditinos, franciscanos, jesuítas e dominicanos, por exemplo, há outras escolas de espiritualidade. O formando deve conhecê-las, porque revelam a vasta riqueza espiritual de uma Igreja aberta e chamada a abrir-se e que se intitula **católica, para todos, abrangente**. Não obstante, há grupos em nossa Igreja que se fecham apenas em sua espiritualidade, com medo de que outros católicos os desviem de seu rumo certo de santidade. Não leem, não aprendem, não querem aprender com pensadores de outra linha, isso quando não é lhes enfiado mente adentro um cruel preconceito contra quem não ora, nem canta, nem pensa como eles. Suas estantes revelam este fechamento: não há livros, nem canções, nem nada que não seja de seu movimento. Escolheram ser católicos sistólicos, coração que se fecha, e não diastólicos, coração que se abre para receber sangue oxigenado.

O que se espera de uma cabeça e um coração abrangente? Que aprenda e ensine, mais aprenda do que ensine! Há vantagens em se ter um supermercado ou um armazém de secos e molhados. Há mais em oferta. Quem tem loja especializada em um só artigo tem menos oferta. Acabará supervalorizando o pouco que oferece. Talvez, seja disso que Paulo falava ao dizer que há carismas maiores e menores e que a caridade é a virtude maior. Abrange mais!

É desagradável saber que este ou aquele veículo não se preocupa com a formação de seus comunicadores. Faz como o Partido que aceita qualquer político como candidato! Comunicadores que não se preocupam em aprender e melhorar dicção, conteúdo, linguagem e abrangência deveriam ser cobrados pela emissora. Ou melhora ou cai fora!

Alguns se repetem demais. Dia após dia, o que se ouve é sempre a mesma coisa. Um locutor depois do outro oferece mais do mesmo, a emissora não diversifica, está contente com sua audiência. Isso até o dia em que se instala na cidade uma que diversifica e abrange!

***

Há os que ficam no estreito ângulo de movimento de Igreja e não dão abertura a outros católicos igualmente iluminados, às vezes, até mais ricos de conteúdo porque são teólogos, sociólogos, pedagogos, psicólogos e antropólogos. Algumas emissoras não se importam nem um pouco em dar a seus ouvintes ou espectadores maior cultura e maior conhecimento. Dão uma hora por dia a uma jovem que nem sequer leu o Catecismo da Igreja, mas é do grupo, e não abrem espaço para o padre que fez doutorado em Teologia, porque o padre não é do dito movimento e é de outra linha de Igreja! Falta de abertura, falta de catolicidade, falta de abrangência prejudica a catequese da Igreja!

Caíram na mesmice e não podem ser elogiados por isso. Precisam repensar sua comunicação. Com tantos documentos da Igreja sobre exposição, tantos livros, tantas oportunidades de evangelizar mais amplamente, todos os dias eles repetem sempre a mesma coisa. Isso pode ser e é incompetência ou preguiça mental.

Admirados e elogiados sejam os diretores que exigem melhor preparo de seus comunicadores. Elogiados sejam seus comunicadores que, visivelmente, melhoram sua comunicação, a partir do momento que se conscientizam de que deveriam dar mais conteúdo eclesial abrangente a seus ouvintes ou telespectadores.

O verbo é "citar", precisam aprender bem as músicas pelo conteúdo doutrinário, a citar adequadamente os documentos da Igreja do Brasil e do mundo e a citar pensadores católicos. Os que entenderam isso estão comunicando cada dia mais e melhor. Os que se negam a fazê-lo estão cada dia mais marcando passo e escorregando na mesmice. Com tantos livros a sua disposição, não os usam porque não querem.

44

ESPIRITUALIDADE CONCILIADORA

Apaziguar é um dom que vem do céu. Do Concílio Ecumênico Vaticano II a maioria já ouviu falar. Nem todos, porém, entendem que se trata do ato de pessoas sentarem juntas para decidirem juntas. Isso quer dizer conciliar. Há, pois, uma atitude e até mesmo uma espiritualidade conciliar que vive as propostas de algum concílio, também há a espiritualidade conciliadora que é virtude dos que, ou se aproximam dos outros, ou vivem de aproximar as pessoas, para que resolvam seus problemas e façam as pazes.

Os pacificadores, os que vivem a serviço do diálogo, os que fazem de tudo para achar valores nos outros e descobrir as razões de cada pessoa, os que tentam relevar, perdoar, usar de misericórdia e, no ato de aplicar a justiça, esmeram-se na moderação, todos eles vivem uma espiritualidade conciliadora. São mediadores, aproximadores, suavizadores, apaziguadores. Nem por isso deixam de tomar suas posições firmes, se o caso exigir tal atitude.

Uma senhora serena e forte, mãe de seis filhos, fez exatamente isso. Tentadas todas as outras possibilidades para levar um filho rebelde e cruel que se alegrava em ferir os irmãos, recorreu ao silêncio. Calou-se diante dele. Não tinha mais palavras. Quando ele chegava, limitava-se a olhá-lo, tocar-lhe no rosto e depois ia cuidar de seus afazeres. Era diferente o tom com que falava a esse filho. Tinha deixado claro que um dia tomaria aquela atitude, caso ele prosseguisse em sua brutalidade diante dos irmãos. Foram meses até que ele, um dia, veio sozinho até ela e pediu uma chance. Ele tinha melhorado. Ela o fez prometer que nunca mais feriria seus irmãos com aquelas palavras e atitudes cruéis. Assim aconteceu.

Às vezes, a espiritualidade conciliadora propõe atitudes de justiça e de severidade, sem ódio e sem crueldade. Mas a pessoa que abusa do espírito conciliador acaba sabendo por que a outra silenciou. Não é permissividade, nem fraqueza, nem um "tudo bem, tudo legal", é um aproximar-se de quem educa. Trato bem, mas não cedo. Nisso, não! Daqui você não passa!

Que os pais a busquem, façam como os semáforos que permitem, alertam e proíbem! Agora, passa este, agora o outro e agora você! Administrar conflitos é dom de Deus. Caso não consiga, corra para um mosteiro, um santuário, um lugar de preces e ore ou peça orações e entregue a Deus a pessoa ou as pessoas em conflito. Há casos que só Deus consegue suavizar.

45

ÂNGULO E CORAÇÃO ABERTO

Jesus de Nazaré tinha um coração aberto! Quem quisesse ficar não ficasse nem por medo nem por coação, nem vencido pelos truques de um marketing bem-feito. Antes que o escolhessem, ele os havia escolhido para irem e produzirem frutos (Jo 15,16). Mas eram livres. Essa liberdade, na verdade, libertá-los-ia (Jo 8,32). Não prometia sucesso financeiro, sugeria que nem sequer levassem bolsa a tiracolo (Lc 10,4) nem buscassem o primeiro lugar (Mt 23,6; Mt 20,21-25). Quem quisesse ser o primeiro que fosse então o que mais se mostrasse capaz de servir (Mt 20,26).

Ia na direção contrária à de grupos que se proclamavam igreja dele, mas ensinavam a seus fiéis procurarem sucesso financeiro, o primeiro lugar nas firmas e na sociedade e a proclamarem-se vencedores na carreira pelo fato de terem aderido a Ele. Dois discípulos passaram pela tentação de sentar-se um à direita e outro, à esquerda dele. Os outros ficaram zangados, talvez porque quisessem o mesmo. Foi preciso Jesus sacudi-los e dizer o que disse. Mateus 20,21-28 é muito significativo e deveria ser repetido o tempo todo, nos dias de hoje, em que a luta por adeptos, por mais contribuição, pelo incenso, pelos elogios e pela fama e pelos primeiros lugares volta a tentar fortemente as igrejas.

O novo trono chama-se mídia e pode seduzir muitos pregadores. Manter a paz e continuar pobre com tudo o que a mídia oferece é um chamado que exige ascese e fé. O *tudo isso lhe darei*, vindo da tentação no deserto, repete-se cada vez que falamos ou cantamos diante de milhões de pessoas. Saberemos fazê-lo sem nos tornarmos pequenos deuses?

46

PROPOSTA DE PAZ SOFRIDA

Jesus avisou que haveria paz e repouso para as almas que o seguissem (Mt 11,19), mas também haveria cruz no caminho de quem fosse com Ele (Mc 8,34). O discurso era franco, aberto e sem mentiras ou falsas promessas de sucesso e de primeiros lugares. Que escolhessem!

Não dourou a pílula, coisa que o marketing do mundo faz com maestria. Com raras exceções, não se fala das dores, dos possíveis fracassos ou da imperfeição do produto oferecido. O cliente ou, no caso de igrejas que aderiram ao pesado marketing da fé, o futuro adepto terá poder, sucesso, milagres à disposição, ou coisas incríveis lhe virão caso aceite a proposta que lhe é feita. Compre! Adira! Seja um dos nossos!

Quantos entendem a pregação como cruz e quantas a veem como trono? Vale o questionamento!

47

TENHO DITO QUE ESTOU MORRENDO

Tenho avisado a meus amigos e familiares também pelo rádio e pela televisão que estou me preparando para a morte. Pelo que eu saiba não estou doente, e exceto pelo diabetes que se pode controlar, não porto nenhuma doença grave. Mas tenho 83 anos e, no Brasil, as pessoas costumam ir de repente depois dos 83 anos, posto que a idade mediana do brasileiro varia entre os 63 a 69 ou, se tanto, até os 80. Depois disso, poucos sobrevivem com dignidade e com suficiente saúde.

Considero a maneira de viver e de se alimentar da maioria dos brasileiros dos quais eu faço parte. Sem ter me envolvido com cigarro, bebida ou qualquer tóxico, mas, tendo vivido uma vida muito exigente e agitada de trabalho, daqui para cá e de lá para cá, sem ter tido muito descanso, fico imaginando que tenho, talvez, quatro, cinco ou, no máximo, dez anos de vida. É por isso que aviso que estou me despedindo, preparando-me para morrer e com os olhos fixos no depois da grande catequese que é a vida humana.

Alguns amigos franzem os sobrolhos, como Pedro diante de Jesus, após o anúncio do mestre de que morreria (Mt 16,22). Quem disser que isso é trágico, diria uma hipérbole. Não acho nada trágico pensar no berço pobre de Jesus, em sua vida atribulada, na cruz e na ressurreição. Não acho nada trágico que, no meio de uma vida longa, apareça aqui ou acolá uma cruz e não acho que morrer seja trágico, nem penso que seja tétrico pensar na morte. Se a morte for tétrica, então o pensamento é tétrico, mas, se a morte for serena, então o pensamento é sereno.

Um dia, teremos todos de fazer a última viagem. Se um pregador não é capaz de encarar com naturalidade essa perspectiva, é melhor que não fale de vida nem de morte, nem de céu. O verbo ir é consequência lógica do verbo vir. Viemos, vivemos e iremos. Meus amigos já estão acostumados com meus avisos. Falo da velhice que está chegando com a maior tranquilidade. Entendo que isso faz parte da mística de um pregador da fé. Espero ter a mesma tranquilidade diante da morte. Meus pais a tiveram, e muitos amigos meus a viveram. Alguns morreram sem nenhum sinal de enfermidade. Veio a visita, e eles foram. Outros sofreram muito no leito de espera pelo último dia. O que eu sei é que falta a nós, cristãos, a catequese do morrer.

Entre os cristãos, os mais privilegiados são os católicos, que todos os dias falam com Maria. "Rogai por nós, pecadores, agora e na hora de nossa morte". Todos os dias, os católicos pensam na morte e pedem ajuda para viverem bem o resto de vida que terão. Pedem a graça de, ao chegar a hora, morrer bem acompanhados, porque disso Maria entendeu. Ela estava no berço, no cotidiano e ao pé da cruz do Filho. Ninguém melhor do que ela para interceder por nós "agora e na hora da nossa morte". Ninguém melhor do que um católico para dizer "amém". Por questão de mística, não deveríamos ter medo nem da vida nem da morte. Se formos católicos devidamente evangelizados, é isto que acontecerá: morreremos sabendo que a vida não acabou. E morreremos sabendo que a aventura do existir agora se resolverá na eternidade.

48

PRONTO PARA O CÉU

Acompanhei a morte de vários amigos, anciãos, adultos, jovens, sacerdotes, religiosos, minha mãe Divina e minha irmã Maria. Pude conversar com todos, antes de seu grande momento, de seu *gran finale*. Na quase totalidade, percebi que estavam preparados para abrir a cortina da eternidade. Não havia medo neles. O último foi padre Irineu que partiu para o céu aos 94 anos. Foi tranquilo. Três dias antes já sabia que iria. Esses amigos aceitaram submissamente os tratamentos que os médicos ofereciam, mais para amenizar do que para curar. Entenderam que, em determinado tempo, não haveria mais recuperação e começaram a entregar-se ao Senhor da vida. Quem não crê em um Senhor da vida terá de achar outra razão para morrer em paz.

Crianças, adolescentes, jovens, adultos e anciãos, religiosos, homens e mulheres igualmente nos dão lições de vida e de morte. Um sacerdote jovem, aluno meu, um dia antes, olhou-me e disse que estava indo tranquilo. No céu oraria muito pela igreja, pelos que ficaram, porque, da parte dele, a batalha estava concluída. Só lhe restava, como São Paulo, esperar a coroa, porque havia combatido o bom combate. Brincamos. Ele sorriu no meio das dores e disse: "Achei que seria mais difícil, mas meu corpo se adaptou ao sofrimento. Para mim meu último suspiro vai ser uma libertação". Pedi a ele que falasse de mim lá no céu. Ele garantiu que o faria. Brinquei dizendo que lá ele saberia de meus pecados, que orasse por mim. Acredito na intercessão dos santos.

Conversei com pessoas de outras religiões, no momento de morrerem. Também a elas dei a bênção final. As pessoas de vida santa, sobre as quais eu não tinha a menor dúvida de que estavam indo para o céu, agiram com naturalidade. O conceito do céu mudou muito em mim a partir das mortes que presenciei. Era a catequese do morrer, concluindo a catequese do viver. Uma das coisas mais bonitas na vida de um médico ou de um sacerdote é assistir a essas mortes santas. Há um recado em cada uma dessas mortes: "Deus existe, e eu estou indo para Ele. Isto aqui foi passagem".

Foi assistindo a essas mortes que concluí que há uma só vida que começa aqui e continua depois, mas passa pelo túnel do morrer. O túnel, porém, é iluminado pelas luzes da fé. Nenhuma estrada começa ou termina no túnel, mas toda estrada, se tem de atravessar mares, vales e montanhas, às vezes, passa por algum túnel.

O grande túnel, porém, é a morte, por isso precisamos nos conscientizar de que isto aqui é passagem; mais dia ou menos dia, vai chegar nossa vez. E quem não tiver recebido essa catequese talvez tenha a maior dificuldade de se despedir. Quando sabemos que estamos indo e vamos estar bem na outra terra, a despedida dói muito menos. Quando não se sabe aonde se vai e por que se vai, dói muito mais uma despedida.

Canção de Criatura

Não me criou pra me fazer sofrer,
Não me criou pra me fazer chorar,
Deus me criou pra me fazer feliz.
Mas não depende só do meu Senhor.
Há uma parte que compete a mim.
Se eu não fizer, não vai acontecer.

Se eu não souber viver o verbo ser,
o verbo perdoar, o verbo perdoar.
Se eu não souber viver o verbo crer,
o verbo aprofundar, o verbo aprofundar, o verbo aprofundar.

Canção inédita, Pe. Zezinho scj

49

DESLUMBRAMENTOS E VISLUMBRES

Ouve-me e atende-me, Senhor.

Quero proclamar-te sem cair em deslumbramentos. Não quero jamais esquecer, nem por um segundo, que não vi, não vejo e não verei tudo a teu respeito. Sei que existes, mas não sei quem é nem como és. És mais do que imagino e mais do que sei.

Sou e serei de ti eterno aprendiz, aluno que quase nada sabe. Marcas presença, mas continuas misterioso, indizível, inefável e inenarrável. Há muito mais de ti do que toda a sabedoria humana poderia apreender. Por mais que eu soubesse, quase nada eu saberia a teu respeito. Eu seria Deus se soubesse como és; eu que mal consigo saber como ages e mim.

***

Nunca direi, como dizem tantos pregadores, que basta orar com fé que atendes a qualquer prece e a qualquer suplicante porque és misericordioso. Penso que, exatamente por seres misericordioso, é que não nos darás tudo do jeito que pedimos. Crianças pedem coisas erradas que os pais, por misericórdia, não concedem.

Entendo que poderás nos dar ou darás tudo o que pedirmos, mas não sei quando, nem está dito que é na hora e do jeito que pedimos (...). És livre. Não sabes não amar, mas atenderás apenas se quiseres. Mesmo atendendo, nem sempre nos atenderás de nosso jeito. Sabes do que realmente precisamos e nos darás o que nos convém e não o que achamos que nos convém.

Entrego-me a teu mistério e a tua misericórdia, e peço, isto sim, que me ensines a confiar em ti, como criança que se joga no colo da mãe, ou como adulto que se percebe profundamente amado.

***

Viverei de vislumbres. Ver-te, eu sei que não verei com os olhos da carne. Eles terão de morrer para que eu possa ver-te como és. Também não vejo a eletricidade nem as ondas de rádio, nem por isso, deixo de saber que elas me cercam e até me invadem. Dia após dia, vejo suas consequências.

Eu mesmo sou consequência tua. Morrerei cercado de teus sinais, mas ver-te, não verei! Teus sinais me falarão de ti!

50

OBSESSÃO E REVELAÇÃO

Não suceda conosco o que sucedeu a inúmeros líderes políticos e religiosos através dos tempos. Puseram na cabeça uma ideia fixa de que teria de acontecer, custasse o que custasse. Em muitos casos, custou rios de sangue, outros, desequilíbrios mentais gigantescos.

Era ou eles ou o inimigo. Eles ou os hereges. Eles ou os errados. Nunca se admitiram errados, jogaram o dinheiro do país na direção de seu projeto. Alguns, enquanto seu povo empobrecia nas filas até de pão e pasta de dente, exportavam suas revoluções. Queriam o mundo vivendo como eles e seguindo suas teorias econômicas. Assim, também as revoluções de cunho religioso, que matavam ou amordaçavam em nome de Deus e da verdade, finalmente revelada. Ai de quem contestasse aquele projeto que era "de Deus".

Obcecados em suas certezas comiam e bebiam política ou religião. O resultado não se fez esperar. A maioria deles terminou seus dias sem paz. Diferentes foram Jesus, Mandela, Luther King, Mahatma Ghandi, Teresa de Calcutá, para citar apenas alguns mais evidentes. Como pensaram nos outros, foram oprimidos, mas não oprimiram. Não mataram para ver triunfar sua ideia. Chegando ao poder, como foi o caso de Mandela, não se agarraram a ele. Seu projeto não era pessoal e não pensaram que só eles poderiam conduzi-lo.

Ligue sua televisão, seu rádio e preste atenção no discurso dos pregadores. Em pouco tempo, verá quem é sereno e de fato anuncia o Reino de Deus e quem se acha não um porta-voz, mas "o" porta-voz. Esse é o obcecado, o deslumbrado, o enlouquecido. Perdeu a normalidade e atribui seu não voltar atrás e sua não correção de rumos à graça de Deus. Na verdade, ele perdeu a capacidade de ouvir os outros. Os outros devem ouvi-lo, mas ele não precisa ouvir ninguém. Quem tem de voltar atrás são os outros. O caminho agora é o dele!

Veja, ouça e conclua! Há púlpitos doendo nos fiéis, porque há pregadores impondo seu pensamento e não os de Deus. Que o povo crente aprenda a duvidar de quem diz que aquela exigência por mais dinheiro e por uma nova torre não é dele, mas de Deus. Será que é?

51

NÃO ME DEIXES BRINCAR DE PROFETA

Não permitas que eu brinque de ser teu porta-voz. Não me deixes brincar de profeta. Todo pregador, a seu modo, é um profeta, mas nem todos são tão profetas quanto pensam ser. Muitos extrapolam. Às vezes, dizem que disseste o que nunca lhes foi dito.

Não quero gritar ousadamente atrás de um microfone ou diante de uma câmera, que disseste o que não disseste, ou que pediste o que não pediste. Não usarei teu santo nome em vão. Quem fez isso acabou em crise. É terrível brincar de ser teu porta-voz quando não se é, ou inventar recados que certamente não lhe deste.

Quanto aos profetas que dizem falar em teu nome, espero que estejam dizendo a verdade. Deve ser terrível um impotente posar de porta-voz do Onipotente e, ainda por cima, garantir que não está mentindo. É melhor que não esteja!

52

AJOELHADO EM APARECIDA

Esses dias, ajoelhei-me e sentei-me sozinho em um canto daquele gigantesco santuário de Aparecida, que é dedicado à memória de Maria, mas pertence ao Filho dela. Santuários não pertencem aos santos, pertencem ao Cristo, que os fez santos. É nosso jeito de lembrar que Jesus salva e santifica. Quando vi os santuários na Itália dedicados a Santo Antônio e São Francisco, disse a mim mesmo: era mais um templo dedicado à memória de irmãos salvos em Cristo e por ele santificados e mais um monumento de gratidão ao Cristo, que veio nos fazer santos.

Ajoelhado, fiquei olhando o altar. Como tinha estado na capela do Santíssimo e falado com o dono da casa, podia agora refletir sobre aquele lugar de fé. Enquanto via o altar ao centro, lá no fundo, quase invisível para os meus olhos, estava a pequena imagem.

Gosto de Aparecida. Vou lá há mais de 70 anos, desde minha infância. A cada dia aprendo uma nova catequese. Aparecida é lugar de reconstrução. Os maiores milagres ali não estão na sala dos milagres. Pernas, pés, pulmões, cabeças, braços curados são um dos frutos daquela devoção. O bonito ali é a unidade. Ricos e pobres, estes, em maioria, todas as raças e feições na mais perfeita harmonia ali ajoelham e oram. Há gentileza. Sei eu que vou ali frequentemente. O clima é de fraternidade. Não há gritos lá dentro. Exceto pelos trajes dos jovens, que eu gostaria que fossem mais condizentes, e que Maria saberá julgar melhor a respeito. Os únicos casos de histeria foram até hoje o dos infelizes deslumbrados por outra crença que julgavam prestar serviço a Deus quebrando a pequena imagem. Foram perdoados. Maria sereniza.

A pequena imagem é um sermão em si mesmo. Jogada no rio séculos atrás porque se quebrara e não valia a pena restaurá-la, a cabeça e o corpo boiaram e afundaram na lama do Rio Paraíba do Sul. Pescadores humildes a encontram. Aparecida não seria o que é hoje se eles tivessem jogado de volta aqueles dois pedaços de imagem. Mas viram algum sinal naquele fato. A devoção popular pela imagem aparecida nas águas e reconstituída tornou-se motivação consciente e inconsciente para um povo quebrado, ferido, ignorado, sofrido e, muitas vezes, despedaçado. Naquela pequena imagem, um dia jogada fora por alguém que não mais a julgava útil, retratam suas vidas. A imagem ressurgiu das águas por mãos de trabalhadores, foi refeita, vestida de manto e coroada. Pronto, ali estava mais um sermão mariano dos muitos que há pelo mundo. Foram pescar para o conde que chegava e acharam uma imagem que deu origem ao que hoje é um gigantesco encontro do povo simples todo fim de semana.

A imagem de Nossa Senhora Aparecida, encontrada, reaparecida, reencontrada, refeita, coroada, entronizada em um pequeno nicho, lá longe do altar, mas em posição que o povo pode ver enquanto fala e celebra a Eucaristia, é a catequese daquele templo cheio de mística.

Sou crente em Jesus e devoto de sua mãe e de seus santos. Além disso, sou pregador que busca a profundidade em cada vírgula que canta ou escreve. Ali tive inúmeras de minhas inspirações, com Bíblia e Catecismo na mão. Não posso dizer que oro como deveria, ou que oro menos ou mais do que os demais pregadores, até porque o critério de Jesus não é nosso orar nem a dramaticidade de nossas preces, nem o muito falar, mas o que fazemos pelos antes e depois daquelas preces.

Entre pregadores que oram, choram e se emocionam e pregadores que podem explicar serenamente por A+B de quais livros e documentos tiraram aquela sabedoria, fico com os pregadores que pensam e fazem o povo pensar. Maria, para mim, era teóloga: elaborava o que via elaborando tudo em seu coração de crente pensadora. Não se guiou apenas pelo que sentia ou pelo que lhe era dito ao pé do ouvido! Usava a inteligência!

53

MÍSTICA E ESPIRITUALIDADE

Por mística entende-se o coração e a mente voltados para o mistério, olhos mais longes, coração mais aprofundado no aqui e no depois. Vive-se a dimensão do aqui-agora e do aqui em função do depois. Supõe-se do místico que seja pessoa contemplativa do aqui e do depois. Pessoas superficiais não conseguem ser místicas. Faltam-lhes abrangência e profundidade. Paulo a isto se refere em Ef 3,17-19 ao dizer que pregava:

> Que Cristo habite pela fé em vossos corações e, assim, enraizados e consolidados no amor, possais compreender com todos os santos qual a largura, o comprimento, a altura e a profundidade, e conhecer o amor de Cristo, que supera todo conhecimento, para serdes repletos de toda a plenitude de Deus.

O místico é alguém que sabe que além da montanha há mais montanhas e da mesma fonte jorrará mais água. O depois para ele também é concreto; assim, o invisível. Não é um alienado. É um mergulhador! Busca pérolas onde ninguém jamais buscaria. Para ele Deus é mais!

Em primeiro lugar, não basta orar para ter espiritualidade ou mística. Não é porque alguém ora muito que tem mística de pregador. Se não for além disso, resvalará no texto de

Mateus 7,21-23: *Nem todo o que me diz: Senhor, Senhor! entrará no reino dos céus, mas aquele que faz a vontade de meu Pai, que está nos céus (Mt 7,21* ou em Mt 6,7). *Orando, não useis de vãs repetições, como os gentios, que pensam que por muito falarem serão ouvidos (Mt 6,7).*

Há uma vida por trás de cada pregação. Mística supõe coerência, atitudes e vida. O tempo prova quem fala bonito e quem vive bonito. Mística supõe coerência de vida, senão total, a mais aproximada das coerências. Todo pregador deveria ser místico!

54

O PÚLPITO SUPERVALORIZADO

Quem se supervaloriza mostra pouca espiritualidade. Não entende seu lugar. Aqueles que vendem caro sua cultura, sua pregação, seus conhecimentos, sua canção e suas palavras é melhor que saibam o que estão fazendo. Estão se supervalorizando: *"Quem os quiser que pague o que eles valem"*. O que leva um padre doutor em teologia e sociologia a pedir determinada contribuição para seu seminário e um outro leigo ou sacerdote, com muito menos cultura e preparo, a pedir dez vezes mais? O nome e a fama. Por conteúdo, talvez, devesse pedir cinco vezes menos. O povo irá ouvir o famoso, mas não o culto e o doutor.

Um sólido e esperto marketing os coloca em nichos e os torna adoráveis e intocáveis. Tornam-se objeto de desejo suas pessoas e suas obras. Passam de pessoas a ídolos. A maioria quer exatamente isto: fama, dinheiro, primeiros lugares na canção, nos esportes, no teatro, no cinema, na religião. Querem seu nome no topo da lista. Não o dizem, mas, ao assinarem contratos polpudos e ao apimentarem os preços, declaram aceitar a nova situação. Sucesso explosivo e pobreza não combinam. Em alguns casos o outro vem acompanhado de droga e de entrega total às mãos dos agentes de marketing. Em outros há resistência, logo quebrada pela realidade. Se não se expuser e não aceitar a nova realidade, perderá a chance de fazer sucesso e chegar a milhões de pessoas. Os novos números determinam o novo status.

Cobrar 100, 200, 300 e 400 mil reais por umas canções, uma palestra, um show de 90 minutos é supervalorizar-se. Aparatos gigantescos, aviões especiais, grandes outdoors, prêmios, discos ou livros de outro, ônibus e até aviões com seu rosto mostram que a pessoa ascendeu acima do comum dos mortais. Aceitar que vendam seu passe ou negociar seu próximo filme por quase 200 milhões de euros é mergulhar em piscina de ouro. Sendo o ouro consistente e pesado como é, não vai ser bom para a cabeça do mergulhador.

Aliás, a história mostra, desde a lenda grega do rei Midas, de Alexandre Magno, que foi dono de meio mundo, do bíblico Salomão e de centenas de passagens bíblicas, como, entre gregos, judeus e cristãos, riqueza e supervalorização terminam em pavorosos desastres pessoais. Midas queria muito ouro e conseguiu a realização de seu pedido, mas, para desgraça sua, tudo o que tocava se transformava em ouro, inclusive a comida. Quase morreu de fome. Voltou atrás. Salomão não parava de acumular riquezas. A Bíblia, nos livros 1 Reis e 2 Crônicas, coloca suas conquistas e seus bens em cifras estratosféricas. Na mesma Bíblia, o aviso contra o acúmulo de bens e de riquezas é constante. O ouro cega, mata, sufoca, tira a pessoa de seu eixo. Pode ser bênção, se a pessoa souber usá-lo para o bem e para a justiça, mas, com enorme frequência, tolda a visão e enlouquece. Deus até abençoa com bens, mas não aprova acúmulos desordenados. Muitos matam, outros se matam por ele e outros, ainda, por causa dele acabam longe de Deus. Foi o caso de Salomão que fez um rico templo para Deus e um palácio ainda mais rico para si mesmo e morreu adorando os deuses de suas esposas e concubinas.

Será que algum artista ou pregador vale tanto? As consequências não tardarão. Observem as vidas dos que se supervalorizam. Milhares deles acabam mal. Alexandre morreu aos 34 anos ou de congestão ou de envenenamento. Gengis

Khan morreu assassinado por uma serva. Salomão terminou seus dias nos braços de outros deuses. Busque o luxo e o conforto sem limites, cobre caro por seu talento e por sua sabedoria, e a vida lhe cobrará o imposto em dobro. Acabará cada dia mais tolo porque se supervalorizou. Preço justo tem limite. Menos fere a má dignidade; mais do que o justo fere a dignidade do povo!

55

O PÚLPITO URGENTE

Nos anos 60-70 do século XX, muitos sacerdotes deixaram o ministério e a Igreja para se casar ou para aderir a um partido que nascia: o PT, Partido dos Trabalhadores, nascido à sombra da Igreja que vinha de Medellín e rumava para Puebla. Os que aderiam a outros partidos eram porcentagem mínima. Iam para o PT. Seu ministério parecia mais profícuo naquela trincheira.

Eram tempos de intensa atividade política. Entre ficar com uma Igreja que ia devagar demais e titubeante na proposta de mudança do país e aderir a uma proposta de esquerda democrática diferente do comunismo, muitos escolheram a utopia do PT. Utopia por utopia, ele pareceu mais transformador. Ai de quem ousasse não ir. Imediatamente era pichado com algum adjetivo menos honroso! Por mais que alguém fosse versado em sociologia e doutrina social, sua fala não era aceita. Ou o sujeito aprovava o PT ou não entendia nada de pastoral social!

Conheci muitos seminaristas, sacerdotes e religiosas que apostaram suas vidas naquela proposta. Quem não falasse como eles não entendera o CELAM. O tempo passou, e o PT se revelou, o que é: bom como proposta e cheio de imperfeições em sua realização. Exatamente como as igrejas cristãs em que o projeto é virtuoso, mas a realidade é de pecadores.

Alguns desses sacerdotes de ontem que aderiram ao PT desanimaram. Nem querem mais ouvir falar do partido e do mensalão.

Outros teimam na nova utopia, mas já entendem melhor a Igreja lenta e indecisa que deixaram. Voltaram a uma certa moderação. A vida familiar também os levou a isso! Alguns daqueles sacerdotes petistas hoje são pais, e o panorama idealista mudou com as contas a pagar. Foi o que disseram vários deles, alguns em cargo político, em um encontro bem recente. Vários deles são hoje secretários ou prefeitos. Praticamente todos de bem com a Igreja e muito mais moderados em sua adesão ao partido.

Por outro lado, apareceu outra utopia: as visões, revelações, milagres, curas e presença forte do Espírito Santo moldador da História. Agora são eles que não entendem que alguém possa ser iluminado sem ser carismático do jeito deles. Alguns sacerdotes deixaram suas congregações religiosas para aderir a grupos portadores dessa espiritualidade de Igreja eficaz. Não lhes foi suficiente o carisma de suas ordens ou congregações religiosas. Em alguns casos, a RCC substituiu o OFM, OSB, SCJ, OCD ou C.Ss.R.

Alguns começam a se questionar por que também encontram dificuldade em aceitar uma Igreja que não os entende e os questiona. Também ali há desvios. Lembram os libertadores de ontem, que tinham vocábulos e adjetivos para quem fosse mais devagar do que eles: *modernizante, alienado, alienante, burguês*. Inseridos eram eles. Toda a Igreja seria do jeito deles, mas não foi! Muitos romperam com a Igreja que não aceitou sua linguagem. Agora não são poucos os que rompem com a Igreja que não ora nem prega como eles. Fecham as portas de suas emissoras para quem ousa fazer perguntas incômodas sobre revelação, curas, demônios, exorcismos e profecias do jeito como as vivem e, quando podem, diminuem a teologia do social dando a entender que todos os que vivem são pessoas sem mística.

Foi assim e será sempre assim. O púlpito da hora já fez milhões de vítimas. Prosseguirá fazendo. Merece um estudo! A urgência já derrotou muitos altares e fechou muitos púlpitos e muitas portas!

56

PERDER O FOCO

Cantor cristão que cobra caro demais, desce do carro, vai para o palco, não se mistura com o povo, não se faz disponível, vive cercado de guarda-costas, age como um deus inacessível; cantor que assume a postura de Madona, Michael Jackson, Elvis Presley ou Frank Sinatra perdeu o foco. Nem quando queria, conseguia se misturar ao povo. Cantor que se transformou em ídolo e rende muito dinheiro pode até ser esperto em sua comunicação, mas perde o essencial. Perde a chance de ir lá onde o povo está. Perder a liberdade não é coisa pouca. Será que vale toda aquela fama? Muitos acabam dominados e engolidos pela baleia chamada mídia.

A mídia, às vezes, é cavalo xucro, às vezes, baleia. Jonas, o profeta de Nínive, metaforicamente, passou três dias no ventre da baleia. Fora punido por achar que sua profecia tinha de acontecer do jeito dele. Sua palavra passou a ser mais importante do que a vontade de Deus. Brigou com Deus que o desautorizara. Deus não podia ter feito aquilo com ele: mudar sua profecia! Deus fez muito mais: mandou-o para o escuro de uma enorme baleia. Jonas saiu daquela solidão bem mais humilde. Descobriu que profetas não acertam em tudo.

Quem der excessivo valor a suas predições acabará no escuro e no vazio, vomitado pela publicidade que devorou Janis Joplin, Elvis Presley e centenas de outros famosos que haviam perdido o foco de sua mensagem.

57

DIMENSIONAR-SE

A expressão é dimensionar-se. A humilde moça, diante das câmeras, dizia: *Eu não sou nada, eu não valho nada, não sou ninguém.* Estava dizendo uma coisa muito bonita e encantadora, mas não fazia teologia correta. Cristãos não têm o direito de expressar-se dessa forma, até porque nós valemos alguma coisa e somos, sim, alguém, apesar de nossos defeitos e pecados. Quando João Batista afirmou que era preciso que o Messias crescesse e ele diminuísse (Jo 3,30), estava se dimensionando. Não disse que desejava ser nada. Quando Paulo afirmou que era o menor dos apóstolos (1Cor 15,9), estava se dimensionando, mas não deixou de afirmar que era um apóstolo e trabalhara para merecer o título (2Cor 11,5; 12,11). Não era por ser o menor que ele era inferior. Menor é uma coisa, inferior é outra! As três colunas da Igreja confirmaram: Paulo era alguém (Gl 1,18-24)!

Alguém pode ser humilde e admitir-se menor, mas nem por isso inferior. Nenhum de nós pode se declarar nada. Quem nos fez fez alguém. Então saímos do nada e somos alguém. Humilhar-se demais é jogar fora uma pedra preciosa. Exaltar-se demais é dar uma de peru vestido com penas de pavão. Orar para termos dimensão correta do que éramos ontem e do que somos hoje é equilíbrio.

Ao jovem seminarista que, intempestivamente, me disse que eu era ultrapassado e que agora era a vez dos novos padres respondi que estava certo a meu respeito. De fato, eu, várias vezes, passara a tocha a outros e a retomara porque os outros optaram por outros caminhos. Nunca me agarrei à pregação ou a cargos e títulos. Na estrada, costumo me deixar ultrapassar com facilidade. Mas sugeri que não dissesse o mesmo do papa Bento, quase 20 anos mais idoso e de 200 a 500 vezes mais culto do que eu. Ele continuava cada dia mais teólogo e cada dia mais atual. Idade e obra não podem ser o único critério. Há obras de valor que pouca gente lê e há obras bem marketeadas que milhares compram, mas carecem de maior conteúdo. Perguntei se ele havia lido Agenor Brighenti, Karen Armstrong, Mircea Eliade, Joseph Ratzinger, Marciano Vidal, Carl Sagan, Joseph Campbel. Percebeu minha ironia. Gostar da linha e do jeito de alguém não é o mesmo que dimensioná-lo corretamente. Não gostar de alguém nos impede de dar-lhe a justa dimensão.

Um episódio contado a respeito de Dom Helder mostra como ele dimensionava as pessoas. Sabia dar aos fatos justa dimensão e às pessoas dimensão especial. Contam que, no Recife, onde morava também o grande sociólogo e autor de Casa Grande & Senzala, Gilberto Freire, homem de posições marcantes, que discordava da pregação de Dom Helder, um dia, em um encontro em que Dom Helder já ocupava seu lugar na mesa, os estudantes ensaiaram uma vaia ao ouvir o nome de Gilberto Freire, que não era bem visto pelos grupos de esquerda da época. Dom Helder reagiu e fez um gesto de desaprovação. Foi até Gilberto Freire, já idoso, acolheu-o e teria dito que um homem daquela estatura deveria ser recebido com os maiores aplausos pelo muito que fizera pela cultura nacional. Dimensionou o adversário, mas não o inimigo. Por não ter encontrado esse episódio narrado em duas biografias dele, não posso dá-lo como história. Ouvi de dois sacerdotes dignos de crédito. Se o fez, era bem seu estilo, porque fez algo semelhante por mim em Aparecida, episódio que já narrei no livro “O profeta do Verbo Ir”. Eu era um padre novo e popular entre os jovens, e ele cedeu seu lugar a mim, dizendo que, naquele encontro, a missão era minha e não dele. Não subiu ao palco. Ficou lá embaixo vendo e aplaudindo meu grupo de canto e de dança.

58

O VERBO DIMENSIONAR

Quando nos dimensionamos, aprendemos a dimensionar os outros. Sabemos quem é mais do que nós e quem, no momento, tem posição menor. E lutamos para promover os dois. Que o "mais" seja ainda mais e que o menor chegue aonde chegamos. Quando nossa vaidade nos domina, nosso marketing é desmedido e nos leva ao ridículo. Aceitamos os superdimensionamentos sem esboçar a mínima reação. O pregador, bastante conhecido, que aceitou de um fiel, diante das câmeras, o título de "o maior pregador cristão da atualidade" e, ao assumir o microfone, não corrigiu o exagero, não tinha se dimensionado. Tivesse isso em mente, reagiria ao elogio, como Paulo e Barnabé o fizeram em Atos 14,14-16 ao serem proclamados Júpiter e Saturno. Também o jovem padre, que foi elogiado como melhor do que outros cinco, mais conhecidos e mais experientes do que ele, se fosse realmente humilde, teria dito a quem o elogiava que não aceitava tal comparação, pois devia muito a quem abriu caminho para ele. Não fez. Aceitou de cara lavada um elogio que não merecia.

Faz parte da espiritualidade de todo comunicador cristão achar seu caminho e abrir caminho para quem vem depois. Também faz parte dela saber seu lugar e admitir que alguém fez mais e merece mais do que ele. O treinador de futebol, que foi comparado a seu antecessor no clube, foi peremptório: *Por favor não cometam essa injustiça comigo nem com ele.*

Ele tem uma história de 30 anos de vitórias, e eu estou começando. Ele já mostrou quem é, e eu um dia quero mostrar quem sou. Mas ele é melhor do que eu, e quero tempo para mostrar que também sou bom profissional! Até os outros jornalistas o aplaudiram pela resposta. Ele se dimensionava!

Na verdade, caímos em ridículo quando concordamos ou silenciamos diante de quem nos proclama ídolos ou superiores. Deus nos deu valores. Não nos teria criado para sermos uma simples pedra, mas até à pedra, às vezes, acrescentam-se valores. Corre por aí um exercício falso e errôneo de humildade por parte da pessoa que, desejosa de mostrar seus limites e pecados, teima em dizer que não é nada e ninguém. Não deixa de ser um ato de ingratidão com Deus, porque Ele é alguém e criou pessoas para serem alguém na vida de alguém. É desdenhar da obra de Deus, pois até as pedras têm sentido e, de certa forma, cada qual sua individualidade, até árvores são individuais e diferentes, mesmo sendo da mesma espécie. Negar que Deus nos tenha dado valores especiais e individualidade é negar nosso DNA. Somos desejados e criados por Deus, para acrescentar algum valor ao mundo. Viemos por alguma razão, por isso é que não somos um nada nem voltaremos ao nada.

Se quisermos ser humildes – e devemos querer –, digamos: *Estou longe de ser o alguém que Deus queria de mim, longe de ser a pessoa que poderia ser. Mas tenho consciência de meus limites e de meus valores. Espero que alguém me ajude a melhorar meus valores. Existo, sou alguém e nunca voltarei a ser um nada. Deus me pôs aqui para acrescentar. Isto: sou positivo, sou um acrescentador.*

59

PREGADORES AFOITOS

Querendo salientar a união de Maria com Jesus, o pregador, ousado e afoito, disse que, como Maria nunca se afastou de seu Filho, na comunhão ela vem com ele; sendo assim comungamos Maria porque ela e Jesus têm o mesmo DNA. Seis bispos que ouviram a notícia ficaram espantados e reagiram com certo ar de tristeza. Já não é mais caso isolado. Há muitos pregadores afoitos espalhando como dogma incontestável o que vai contra a doutrina da Igreja.

Afirmar uma quase união hipostática entre Maria e Jesus na eucaristia e dizer que, quando comungamos o corpo e o sangue de Cristo, também comungamos o de Maria é o mesmo que dizer que uma mulher que come bananas gêmeas, que vêm em uma só casca, terá filhos gêmeos. Uma coisa não tem nada a ver com a outra. Na eucaristia, por mais que amemos a mãe de Jesus e a admiremos, não temos o direito de incluí-la dessa forma nesse mistério. Não é possível comungar Maria. Nada na Bíblia e na catequese católica nos autoriza pregar tamanha ousadia. Maria está do lado de cá por ser humana. Ela é a primeira na fila dos adoradores, mas é adoradora e não adorada. É mãe de Deus, porque o Filho, encarnado, nasceu dela, mas não foi, não é nem nunca será deusa.

Nossa fé na eucaristia deve nos levar a Maria, que se fez sacrário do Cristo, mas, assim como ninguém comunga o sacrário, ninguém a comunga. Ensine isso aos que ouviram algum pregador afoito demais. Não há nenhum teólogo que possa sustentar a doutrina da união hipostática de Maria por causa do DNA. Aquele sangue de Cristo na missa não é o mesmo derramado na cruz. O sacrifício da missa é incruento. A missa é memorial. É o que diz a Igreja logo após a consagração.

60

ABÓBORAS, BALEIAS E PROFECIAS

Falemos em afoiteza, lembrando o profeta Jonas de Nínive. Já vi deprimidos e depressões gigantescas no mundo da fé, porque alguém se assustou com sua missão e exigiu que Deus fizesse o que dele esperava. Foi o caso do profeta Jonas diante de Nínive. Entrou em depressão violenta a ponto de pedir que os ninivitas o matassem. Exagerou na culpa. Tornou a pedir a morte quando achou que Deus o traíra. Exagerou na decepção. Profeta exagerado, tudo nele era oito ou oitenta. Aí seu erro.

Os três dias no ventre da baleia devem ser lidos como escuridão total naquela cabeça que garantira o que não poderia garantir. Faltou um "talvez" na pregação do profeta Jonas. O leitor deve reler aquele livro! Pregou com certeza, por isso caiu na pior das depressões. Trocou a virtude da fé pelo marketing da certeza. Acontece que Deus não se sujeitou às certezas do profeta. A Jonas, o profeta exagerado, sua profecia lhe pareceu mais urgente do que a compaixão de Deus. O leitor deve se debruçar sobre aquele livro. Jonas se fez profeta mais importante do que era. Achou que as coisas teriam de acontecer como ele previra. Não aceitou voltar atrás. E Deus lhe deu a lição da compaixão, do voltar atrás, do repensar e do perdão, ensinando-lhe a **parábola do pé de abóbora que parecia tão promissor, mas acabou murchando**.

Acontece com frequência. Ligo o rádio e a TV, olho para os púlpitos do mundo e digo a mim mesmo: *Foi dali que, em sua maioria, vieram os acertos, mas também os desvios, as brigas, as ilusões, os embustes, as mentiras, as falsas promessas, os falsos milagres, milhares de igrejas e religiões. Alguém pregou o que achava ser a verdade mais verdadeira e alguém o seguiu.*

No longo decurso da História da fé, milhares, talvez milhões, de fiéis afirmaram ter ouvido a voz de Deus. Outros garantiram saber interpretá-la da maneira mais ortodoxa. Alguns garantiram ter visto sua face. Deus teria aparecido a eles. Abraão em Gênesis 18,1-3 teria o visto, e ele era três homens, mas falou no singular. A Moisés Deus disse que o homem não poderia vê-lo e sobreviver (Ex 33,20). Mas de Salomão se disse que o viu duas vezes. Não lhe serviu para crescer, porque morreu adorando os deuses de suas muitas mulheres. Salomão merece grande reflexão, porque, embora culto e inteligente, era narcisista, louco por fama, poder e riqueza, coisas que não combinam com que viu em Deus. Mesmo tendo visto o Senhor, ele ainda foi capaz de erguer para si um palácio mais rico e maior do que a casa que erguera para Deus. Então é de se perguntar se o viu...

***

A Bíblia é um livro para ser interpretado e comparado. Uma só frase não resume tudo. Até mesmo os que dizem seguir a Bíblia ao pé da letra dão um jeito de interpretá-la a seu favor, quando, por exemplo, Jesus manda cortar a mão e arrancar o olho que levam ao pecado ou quando propõe tornar-se eunuco por uma razão maior, por motivos óbvios, não se mutilam (Mt 5,29-30; Mt 19,12).

João diz que ninguém jamais viu Deus (1Jo 4,12). A maioria dos que viram ou ouviram estava enganada. Viu quem não lhe apareceu e ouviu quem não lhe falou. Posso e quero aceitar que alguns humanos chegaram mais perto do mistério de Deus. Imagino que muitos tiveram realmente uma experiência acima do comum. Suas vidas o provam. Nunca perderam nem a lucidez nem a serenidade. Tornaram-se mais humanos, mais abertos ao diálogo e mais completos, coisa incomum entre os humanos. Merecem crédito, porque suas vidas atestam que não mentiam, não se enganaram e não quiseram ser o que não eram, nem enganar quem quer que fosse. Não se arvoraram em porta-vozes de Deus, não buscaram dinheiro grosso nem fácil, não montaram esquemas, nem fizeram marketing desse chamado. Nunca tiveram de explicar seu rápido enriquecimento, porque nunca desfrutaram pessoalmente de sua pregação. Moram em quartos exíguos e pouco possuem. A fé não os fez milionários. Começaram humildes e terminaram humildes. Penso em Francisco, Vicente de Paulo e centenas de santos videntes ou mergulhados em Deus. Nunca perderam a simplicidade.

***

Devem ter visto ou ouvido algo indescritível em termos humanos. É o que diz Paulo em duas de suas epístolas (1Cor 2,9-10; 2Cor 12,2-3).

> Mas como está escrito: "O que o olho não viu, nem o ouvido ouviu, nem jamais subiu ao coração do homem é o que Deus preparou para aqueles que o amam". Mas foi a nós que Deus o revelou pelo Espírito; com efeito, o Espírito penetra tudo, até as profundezas divinas (1Cor 2,9-10).

***

Mais adiante, Paulo alerta para a mística de quem viu ou chegou mais perto do mistério:

> Preciso gloriar-se? Mas isso não convém. Contudo vou falar das visões e revelações do Senhor. Conheço um homem em Cristo que, quatorze anos atrás – se no corpo ou fora do

> corpo, não sei, Deus o sabe -, foi arrebatado ao terceiro céu. E sei que este homem - se no corpo ou sem o corpo, não sei; Deus o sabe - foi arrebatado ao paraíso e ouviu palavras inefáveis, que o homem não pode repetir. Por este homem me orgulharei; mas por mim não me orgulharei, senão de minhas fraquezas. Se quisesse orgulhar-me, não seria louco, porque diria a verdade. Mas disso me abstenho, para não fazerem de mim uma ideia superior ao que veem em mim ou ouvem de mim.
> E porque essas revelações eram extraordinárias, para que não me orgulhasse, foi-me dado um espinho na carne, um anjo de Satanás encarregado de me bater - para que eu não me orgulhasse. Por isso, três vezes pedi ao Senhor para o afastar de mim. E ele me disse: "Basta-te minha graça: pois o poder se manifesta plenamente na fraqueza". É, pois, de boa vontade que me orgulharei sobretudo de minhas fraquezas, para que habite em mim o poder de Cristo (2Cor 12,1-9).

Sabemos do que a fé é capaz, tanto a fé profunda e serena como a fé obcecada de quem quer ouvir e ver Deus a todo custo. Jesus, outra vez, estava certo quando disse que a fé move montanhas. A fé boa remove a montanha certa, mas a fé fanática quase sempre remove a montanha errada. Anuncia prodígios que não aconteceram. Chega a promover ressurreições ao vivo para uma multidão desinformada e atônita para garantir adeptos, mas ai de quem exigir atestado médico de que o ressuscitado naquela tarde foi a óbito...

***

O radicalismo, não poucas vezes, disfarça-se de fé, mas não é nada mais do que radicalismo. Ter raiz é uma coisa, radicalizar é outra! Radicaliza aquele que, custe o que custar, passa por ser profeta porque o status de vidente e revelado lhe confere autoridade. Então, começa a proclamar o que não lhe competia proclamar (Jr 14,14). A grande tentação da vidência é a evidência. As pessoas ouvem mais e obedecem, sem nenhum questionamento, àquele que afirma falar em nome de Deus. A proeminência já fez muitos falsos profetas, que, não conseguindo ser notáveis, tornaram-se notórios.

***

Livros de evangélicos, como *Feridos em Nome de Deus,* da jornalista Marilia de Camargo, *Em Nome de Deus,* de Karen Armstrong, de raiz católica, e *O mundo Assombrado pelos demônios,* de Carl Sagan, agnóstico, e centenas de outros livros: abordam este delicado assunto: o da falsa profecia, do confuso ou do falso porta-voz. Jesus já alertava contra isso em Mt 24,24-26, falava do "profeta garantidor". Com o tempo, ele põe o peso, não na Palavra, mas sim nas próprias palavras. Fica proibido ao fiel questioná-lo. Afinal, Ele fala com Deus, e Deus fala com ele! *Mas será que fala?* Eis uma pergunta proibida em certos círculos religiosos de hoje. O fiel será tachado de indócil, acusado de pecar por discordar de um pregador falível. Nesse caso, Paulo teria pecado ao discordar de Pedro (Gl 2,11-14). Arranjam um demônio para quem, segundo eles, impede o progresso do evangelho. Qual evangelho? O da fé ou o da certeza inquestionável? Jonas, o profeta de Nínive, pregou essa certeza, entrou em parafuso e descobriu que fé é outro departamento!

***

Profetas apressados e obcecados imaginam que Deus lhes falará, depois imaginam que Deus lhes falou e, em pouco tempo, garantem que Deus falou. Imaginam que o verão, imaginam que o viram e, em pouco tempo, garantem que

Deus apareceu. Imaginam mensagens e as proclamam minutos depois, sem sequer terem a humildade de submetê-las à análise de alguma autoridade ou de alguns irmãos mais vividos e mais lúcidos. Ouvem apenas quem concorda com eles. Os outros não têm unção.

Talvez por medo de ouvirem o que não querem ouvir, ouvem apenas quem não os questiona. Então, proclamam suas certezas, sem pedir o discernimento das autoridades de sua Igreja. Por que precisariam do discernimento das autoridades se imaginam que a maior autoridade lhes apareceu e mandou anunciar? Acontece que milhares que assim agiram estavam imbuídos de orgulho. Achavam-se mais de Deus que os demais mortais. A maioria enganou-se.

***

Ao pregador dos mistérios da fé, por envio, apoio e bênção da Igreja, convém pedir a Deus a graça de não proclamar nada apressadamente, nem por vaidade, e saber o que é imaginação e o que é realidade. Aprenda com Paulo que, humildemente, não sabia se teve ou não uma visão e não queria fazer disso marketing. Que suplique a graça de fazer parte dos fiéis honestos que não usam nem o nome de Deus, nem visões, nem aparições e revelações em vão. Já seria muito se conseguisse anunciar, sem desvios e personalismos, a Bíblia e o Catecismo!

Nosso tempo é de crasso individualismo. Novos avatares e iluminados, cercados de poderoso marketing, apresentam-se como ungidos infalíveis que não podem nem devem ser questionados e, mais do que aconselhar, determinam o rumo de uma vida. Literalmente, apossam-se da alma do fiel e ditam o que Deus quer para ele ou para ela. Até decidem quem casa com quem na comunidade. Se, depois, o casal se separa, garantem que foi o demônio que os separou. Não admitem que as coisas sejam diferentes do que pregam.

***

O profeta Jonas, em Nínive, fez exatamente isso. Horrorizou-se quando viu que Deus voltou atrás; isto é, perdoou! E ele como ficava? Então, Deus o mandou falar e depois não fez o que prometeu?

Ouça os pregadores de agora e verá as mesmas cobranças no ar. Há pregadores exigindo que Deus aja, porque Ele prometeu. A pergunta que não quer calar é a do fiel que deseja provas de que Deus queria tudo aquilo que o pregador garantiu. Se tais pregadores lessem o livro de Jonas e o estudassem, talvez, descobrissem o que o autor quis dizer com a baleia que engoliu o profeta deprimido e com o pé de abóbora que fez o profeta querer morrer. No fundo, todos nós, que anunciamos que Deus existe, temos nossas abóboras, nossas baleias e nossos sapos a engolir. Só que, em vez de engolir sapos, acabamos com nossas cabeças de abóbora desafiadas pela realidade. Uma baleia nos engole por alguns dias ou anos até que descubramos a humildade do pregador que admite que não sabe tudo aquilo que diz que sabia.

Deus é absoluto, mas nossa pregação não é. Em alguns casos, retratar-se, admitir o engano, voltar atrás, reconhecer que não foi milagre e que se errou na profecia é sinal de lucidez e de santidade. Davi, Simão, o Mago, e Pedro fizeram isso; Salomão e Judas, não. Os exemplos se sucedem. Reboando em nossos ouvidos a frase de Jeremias 14,14:

> Então Javé me disse: "Os profetas profetizam mentiras em meu nome; eu não os enviei, não dei ordem nem falei a eles. Eles vos anunciam visões falsas, oráculos vãos e imposturas de sua mente".

É triste, mas é verdade. Nem todo aquele que se diz profeta é! Milhões de seguidores, mas verdade pouca!

61

UM JESUS PARA CADA GOSTO

Foi assim desde os primórdios, foi na Idade Média e continua agora na mídia religiosa e, até mesmo, nas ruas. Trajes, falas, orações, curas, entusiasmo, sentimentos à flor da pele, hegemonias, projeto de converter o mundo para Jesus, o nome de Jesus colado em carros, portas, peitos e traseiros, como tentativas desesperadas de voltar a um passado que não pode ser reeditado nem recuperado. Ou damos ao mundo a ideia concreta e serena de Jesus ou damos o Jesus dos pregadores histéricos que querem reconquistar o mundo para ele, mas cada qual de seu jeito.

Jesus é o mesmo ontem, hoje e sempre, mas seus seguidores não são nem devem pretender ser. O homem precisa mudar porque é um poço de contradições e de imperfeição. Não podemos querer que o mundo creia em Jesus como nós, porque somos milhares de grupos e igrejas perplexas que não conseguem nem mesmo orar o Pai-Nosso com as mesmas palavras. Que Jesus: de qual pregador e de qual igreja?

Criamos um Jesus do nosso jeito ou criamos um lado e puxamos Jesus para ele. É mais fácil do que ir para o lado de Jesus. É por essa razão que os jornais de 20 de fevereiro de 2010 mais do que depressa estamparam, no mundo inteiro, a declaração de que Jesus era gay do rockeiro, militante, homossexual, Elton John. Não conseguindo ser como Jesus, o cantor, sabidamente gay, declarou que Jesus era como ele. Nada a se estranhar, porque milhões de cristãos fazem o mesmo: criam um Jesus revolucionário, guerrilheiro, conservador, progressista, fundamentalista, misógino ou misólogo, curandeiro, financista, irado, violento ou cheio de preconceitos, como eles.

Em vez de conduzirem a uma reflexão serena sobre Jesus, preconizam o que Ele diria se estivesse aqui, agora, naquele templo, naquele rádio e naquela televisão. Aos gritos e certos, certíssimos, porque se consideram profetas dos últimos tempos, concluem que Jesus diria e faria exatamente o que eles estão dizendo e fazendo. É o Cristo manipulado, repintado, reescrito e adaptado por todos. Enfim, um sanduíche religioso com as iguarias das quais gostamos. E damos a esse sanduíche espiritual o nome de Jesus. Não admira que, em alguns lugares, haja bebidas Jesus e sanduíches Jesus. Um Jesus composto, adoçado e misturado a gosto de cada freguês... O preço? A adesão!

Os pregadores serenos e abertos ao aprendizado perderam espaço! Não possuem um Jesus "macdonaldizado", que se serve depressa para crentes apressados, minutos depois do pedido e com os mais diversos sabores!

62

O PROJETO PESSOAL

Sabe-se que sempre foi assim, mas, com maior evidência e recrudescimento, tem tomado vulto na Igreja um dos maiores inimigos da fé e do evangelho. Trata-se do projeto pessoal; a pessoa do pregador ou da pregadora a se sobrepor ao projeto da comunidade, da congregação, da ordem, da diocese e da própria Igreja.

Não sou o único que assim pensa. Bispos e superiores religiosos, sacerdotes e religiosas, leigos e até jovens em idade escolar percebem que grassa nas igrejas católica, evangélica e pentecostal a grande tentação do individualismo. Eu falava recentemente com um candidato a pastor que dizia ter medo de fundadores que, em vez de começar novos templos, começavam novas igrejas. Chamava-os de incorrigivelmente independentes. Proclamam sua independência, mas exigem que os novos fiéis dependam totalmente deles e de sua inspiração. Na hora de ir embora, dizem que Deus os abençoa e chama, mas são os mesmos que, se um fiel de sua nova igreja pensa em sair, lançam maldições e ameaças contra o novo dissidente.

"Deus me chama para essa missão." "Deus quer isso de mim." "Não me realizarei se não fizer o que Deus quer de mim." "Sinto-me chamado a assumir este novo desafio." "Estão me impedindo de fazer algo que será bom para a nossa Igreja." "Deixo a ordem, a diocese ou o grupo, mas não deixo o projeto que sei que é Deus que inspira."

Quem não ouviu, não viu e não sofreu ao ver companheiros, irmãos, companheiras e colegas de missão irem embora do grupo que os preparou e deles cuidou para realizar um projeto que, tinham certeza, a eles era destinado? Como Abraão, deixaram sua terra e foram trabalhar em seu novo projeto. Se ficassem, não poderiam fazer tanto como fizeram.

Em alguns casos, parece que, de fato, houve o chamado. Viveram da frugalidade, da renúncia, do sacrifício, criaram hospitais, creches, asilos e casas de acolhida. Os mais santos se deixaram orientar e não o fizeram sozinhos. E não se foram sem enorme dor de alma. Outros casos foram de acachapante infidelidade, em troca de vantagens pessoais e sucesso pastoral e até financeiro. Atestam-no companheiros de Igreja, irmãos que trilharam juntos os caminhos da fé e perceberam que as luzes e os holofotes da fama, da mídia, da multidão e do sucesso os ofuscaram. Nos últimos anos, o fato é catapultado pela mídia, o conflito torna-se visível. Foram embora porque tinham algo melhor a oferecer lá fora.

Não se pode julgar o que é de foro íntimo, mas pode-se analisar o antes, o durante e o depois daquele projeto pessoal que se tornou público. Foi Jesus quem disse: pelos frutos os conhecereis (Mt 7,14-20). Falava da porta estreita, do caminho que leva à vida, de falsos profetas, de lobos devoradores, de atitudes interesseiras, de árvore que dá bons frutos e de árvores de frutos ruins que terão de ser cortadas. Falava dos pregadores da fé sem renúncia, sem mística e sem abertura para o Reino.

Serve para os outros e serve para nós. Na mística do pregador haja esta pausa para uma séria reflexão. Até que ponto o conforto, o dinheiro, o sucesso, a fama, o primeiro lugar e os aplausos nos influenciam? Até que ponto nos achamos mais eleitos e melhores do que os outros? Até que ponto nossa busca de números atrapalha nossa fidelidade ao Reino? Até que ponto ajuntar multidão é sinônimo de crescer? Quando o projeto pessoal vale mais do que o projeto de milhares de outros irmãos que nos precederam, estamos no terreno da idolatria; pior ainda: no terreno da egolatria. Juramos seguir por um caminho e, na primeira encruzilhada, decidimos que o caminho é aonde vamos e não por onde deveríamos continuar!

63

A FAMA QUE MATA

O livro de Michael Largo, *The Portable Obituary (Assim Morreram os Famosos)* Ed. Larousse, narra mais de 500 casos de pessoas famosas que morreram em circunstâncias trágicas e lastimáveis porque perderam o controle de sua vida: suicídios, drogas, graves acidentes, assassinatos, sem ninguém por perto. Pensaram controlar a fama, mas ela os controlou. Três casos de religiosos talvez ajudem você a elucidar, pois imagino, se está lendo meu livro, é pessoa religiosa.

Salomão foi um rei hebreu riquíssimo. Não parava de enriquecer. Seu marketing pessoal era impressionante. Era um quase deus. Quem leu os 1 e 2 livros dos Reis, o 2 Crônicas verá que ele excedeu a todos os reis da terra em sabedoria e riqueza. Fez um rico templo para o Deus único e um palácio ainda mais rico para si mesmo. Morreu adorando outros deuses. Fama e dinheiro demais o desviaram de seu primeiro fervor.

Jim Jones foi um pregador evangélico de linha messiânica. Morou um tempo em Belo Horizonte. Tinha um imenso poder de comunicação e convencimento. Voltou aos Estados Unidos, onde concebeu uma igreja chamada *Templo do Povo.* Essa igreja seria para todas as raças, todos os pobres e os deserdados, um misto de Reino de Deus, semicomunista e anticapitalista. Ele levaria todos à fraternidade; sua liderança era inconteste. Por seu poder de mobilizar as massas e influenciar seus fiéis, de quem exigia absoluta fidelidade, chegou a sentar-se ao lado de presidenciáveis e figuras de proa em seu país. Era o aliado dos sonhos dos políticos à procura de votos de cabresto. O dinheiro fluía livremente. Tanto que pôde, em um tempo de crise, em poucos dias, transferir seus adeptos para as Guianas onde fundou a exígua cidade de Jonestown, dedicada a ele mesmo.

Procurado pelo fisco americano e encurralado, mandou matar os fiscais que vieram examinar sua obra e, em seguida, envenenou mães e crianças sob o argumento de que aqui na terra não era possível viver o Reino de Deus, então morreriam para ir mais depressa para o céu. Matou-se em seguida. Não conseguiria mais viver na pobreza ou no fracasso. Usou até o fim o poder de persuasão de seu púlpito, que transmitia sua voz por alto-falantes 24 horas por dia. Os fiéis morreram ouvindo sua voz que os incitava a beber veneno.

A freira cantora foi conhecida no mundo inteiro desde o sucesso de sua canção *Dominique, nique, nique,* que lançou para a fama seu violão e sua voz como a freira cantora. Jeanine Deckers começou, em 1964, em um programa de variedades, *The Ed Sullivan Show*. Dinheiro e fama lhe subiram à cabeça. Pirou! Deixou o convento. Pouco tempo depois, compôs uma canção de glória a Deus pela pílula anticoncepcional. Tal mudança lhe traria sucesso de vendas. Anos depois, foi processada por sonegação de impostos. Aos 51 anos de idade, suicidou-se com sua amante e "esposa" em 1985. O violão, a canção e a fama lhe fizeram mal. Perdera o foco de toda uma vida!

Pregação eletrônica: mudando de enfoque do púlpito para o pregador, reflitamos sobre uma novidade que há pouco tempo tomou conta das igrejas: os pregadores de rádio e de televisão. Já admitimos, sobejamente, em nome da justiça e da verdade, que muitos são excelentes e sérios no uso da mídia, eles sabem como enfrentar aquele som e aquelas luzes.

Os serenos e os maduros: digamos outra vez. Felizmente são muitos que, pelo interior do Brasil, católicos e evangélicos, usam com enorme responsabilidade tais instrumentos, sem chamar demais a atenção para si. Fundamentam o que dizem, apresentam passagens bíblicas e documentos, tratam os ouvintes ou telespectadores como pessoas inteligentes, sabendo que, do lado de lá, talvez, haja gente bem mais culta do que eles. Não é um discurso infantil para adultos, pois só porque não foram à escola não é justo tratá-los como crianças retardadas. O discurso tem de ser adulto mesmo para quem não sabe ler. Os bons pregadores levam livros anotados e demarcados que usam em seus programas de rádio e de televisão, estudam a Palavra de Deus.

Não há improvisos desnecessários. Humildemente apresentam seu ponto de vista, sem gritar, sem impor e sem dizer que Deus, naquele momento, está lhes dizendo alguma coisa. Enfim, preparam o texto e admitem que seu script foi, primeiro, ditado à Igreja e a outros que eles citam. São excelentes, não brincam de cultos. Não se colocam como videntes e iluminados que devem ser ouvidos porque Deus os enviou àquele canal. Estão lá expressando o pensamento de uma comunidade de fé que os fez porta-vozes. Nem a câmera nem os microfones os deslumbram.

64

DESLUMBRADOS E OBUMBRADOS

Há os banhados de luzes, mas não são luzes do céu. Precisam demais daquele microfone e daqueles holofotes, pois não saberiam viver sem isso. Compram o horário, forçam caminho na mídia e, se estão lá, foi porque se fizeram convidar. Literalmente, forçaram a barra. Acham que Deus os quer lá, quando seu comportamento é claramente o de um pregador que forçou caminho para chegar àquele palco e falar para milhões.

Sobre eles disse um funcionário de televisão que o filmava: *Eu sei o que ele faz e diz quando não está diante das câmeras. Pena que não posso falar. Nunca vi Jesus falando com ele nem antes nem depois da contagem regressiva para ele entrar no ar.*

Não confundamos tais pregadores com os sérios e preparados que também compram horário, mas são enviados por suas comunidades. Esse direito eles possuem. No caso deles não há vaidade pessoal, é verdadeiro zelo missionário.

Os deslumbrados, sequiosos pela chance de serem conhecidos por milhões, queimam etapas. Aceitam vender joias sem as conhecer. Fica mais importante aparecer do que ter o que dizer. Conhecem dois ou três temas básicos e, quando a conversa vai para o lado que não dominam, não se dão por vencidos. Contam uma historinha sem pé nem cabeça que não tem nada a ver com o assunto, mas que, ao menos, ilustra sua ilustre presença naquele programa, em que outro mais preparado deveria ter ido.

65

OBEDIÊNCIA CEGA E SURDA

Aqueles monges que não obedeceram a seu líder na neve e usaram da inteligência salvaram-se, exatamente porque o desobedeceram e porque raciocinaram. Tinham saído com seus cães em socorro de seis viajantes presos em uma borrasca. Conheciam o terreno e sempre faziam isso. Mas foram surpreendidos por outra tempestade.

Seu líder, alterado, garantiu que tinha tido um sonho e que o Senhor durante a noite lhe mostrara um novo caminho. Se todos lhe obedecessem, salvar-se-iam. Teriam de confiar nele, mas não confiaram. Profetas, às vezes, falam estranhamente, e dá para ver quando é profecia e quando é histeria. Ele partiu sozinho e nunca mais foi visto. Eles seguiram o caminho que conheciam, salvaram-se e também os outros, a quem tinham ido resgatar.

O papa João Paulo II, em sua Encíclica *Fides et Ratio,* fala dessa necessidade de crer e confiar, mas sem perder a lucidez. Fé tem de ser refletida. Obediência obsequiosa de quem sabe dos riscos e das chances é sinal de fé inteligente. Obediência cega de quem não raciocina e apenas cumpre ordens é burrice. Não é porque o profeta acertou algumas vezes que acertará sempre. Há uma enorme diferença entre jogar as redes ao comando de Jesus e jogá-las ao comando de alguém que disse que Jesus falou com ele. As igrejas cristãs estão cheias de líderes e fundadores, pregadores e profetas que acertaram algumas vezes e erraram muitas outras. E já tiveram muitos líderes histéricos que pareciam sábios, mas não eram. Conseguiram tamanha fidelidade de seus seguidores, que esses abdicaram do uso da razão e esqueceram que só Deus é infalível e confiável. Nenhum homem é redentor a esse ponto! (Sl 49,7). Montano e Donaciano foram dois exemplos.

Profetas, muitas vezes, erram. Obediência cega a eles nem sempre é o mesmo que obediência a Deus. Já começa pelo erro de o profeta exigir tal obediência em nome de Deus. É seu primeiro sinal de histeria. Eles vendem o peixe como se fosse a mesma coisa, mas não é. Maria questionou, e o anjo teve de explicar (Lc 1,29). O que ele estava querendo dizer? Que tipo de saudação era aquela? (Lc 1,34). Tudo muito bonito, mas eu sou virgem! Finalmente ela disse ao anjo: *Que seja como você está falando*" (Cf. Lc 1,38). Pareceu razoável. Mais tarde, foi dito que ela (Lc 2,19) guardava aqueles acontecimentos no coração. Isto é: raciocinava! Raciocinou nas bodas de Caná (Jo 2,1-6) e, mesmo Jesus tendo dito que não era assunto dele e dela, foi em frente.

Não foi profecia que o Pai soprou em seus ouvidos. Ela usou a cabeça e os conhecimentos que tinha sobre o Filho. Não precisou que um anjo lhe aparecesse, nem fez uso disso. Se fizesse parte de algumas igrejas pentecostais ou grupos católicos de hoje, talvez, viesse com a frase: *Deus está me dizendo que vocês devem ir a meu Filho e fazer o que ele mandar!* De repente, tudo vira visão, revelação e Deus sopra tudo. Maria sabia a hora da inspiração do céu e a hora do uso puro e simples de sua linda cabeça de mulher. Deus não lhe soprava tudo! Não era uma vida: *Deus me diz*. Deus não diz tudo nem sopra tudo, e Maria sabia disso. Tinha mesmo é de raciocinar, e isso ela fazia muito bem.

E foi sua reflexão que a fez agir. Jesus a atendeu. O mesmo Jesus também aplaudiu a fé reflexiva da mulher de Canaã (Mt 15,21) e a reflexão do centurião (Mt 8,5). Eles contradisseram-no. Não aceitaram cegamente o que Ele dissera, exatamente porque tinham fé e suas conclusões permitiam questioná-lo. Em vez de censurá-los, por não terem demonstrado confiança cega, Jesus os aplaudiu! Frequentemente, ele mandava os discípulos raciocinarem e questionarem os acontecimentos. Chegou a perguntar, uma vez, se não tinham cabeça para pensar (Mt 16,9). Por que não entenderam? Não eram inteligentes para perceber que Ele não estava falando de pão, mas da malícia que crescia no coração dos fariseus? Obedientes cegos acabam com a mente obtusa porque deixam a seu líder a tarefa de pensar. Foi isso que os mais de 800 seguidores do pastor Jim Jones fizeram nas Guianas há mais de 30 anos. Não perceberam que ele estava histérico, confiaram cegamente. Ele matou todos.

Está em curso um tipo de comportamento em algumas igrejas pentecostais e dentro da Igreja católica, que aponta como virtude a obediência cega aos líderes sob o nome de docilidade. Dócil é quem se deixa ensinar. Ensinar ou amestrar? Até casamento o líder arranja a ponto de decidir quem casa com quem e em que lugar do mundo. Acreditam que Deus diz a ele onde está sua alma gêmea. Casam ao comando do santo deles sem nunca ter visto a pessoa. Para que namorar se nosso santo diz que vai dar certo? Sei do que falo. Aconteceu com o filho de um conhecido meu a quem, em nome de Deus, o fundador de uma igreja arranjou uma esposa no outro lado do mundo. Escusado é dizer que, com isso, afastou-o estrategicamente da família que era evangélica e não aceitava a outra religião.

Os adeptos incondicionais e dóceis demais consideram seu líder um profeta imune de erro. Se ele diz que Deus lhes pediu determinada coisa, não questionam, vão e executam. E ai de quem discordar do profeta deles, passam a ver tal pessoa com maus olhos. O menor adjetivo que acham para ele é o de invejoso. E o cristão só estava querendo que pensassem. Aprenderam que discordar é pecar contra a unidade, não aprenderam que seguir ou dar ordens estapafúrdias também é pecar contra a unidade.

O líder que acerta em muitas coisas pode estar errado em algumas. Moisés disse que Deus mandou matar 3.000 idólatras (Ex 33,27-28). Estranhamente, seu irmão Arão foi poupado, quando tinha sido ele quem construíra o bezerro de ouro (Ex 32,2-5). Deus, certamente, não dá esse tipo de ordem. Quem a cumpriu tornou-se cúmplice do erro do profeta. Elias, após haver humilhado e derrotado os sacerdotes de Baal (1Rs 18,40), deu a estranha ordem de matá-los. Seus adeptos mataram 450 deles. Deus não fazia nem faz tal coisa! Se aqueles adeptos tivessem questionado aquele momento infeliz, teriam ajudado os profetas a reconsiderarem sua ordem e poupado muitas vidas. Mas eram adeptos da obediência cega. Erraram com o profeta.

Que os obedientes cegos de agora aprendam a questionar seus profetas. Eles nem sempre acertam, nem é Jesus que está pedindo aquilo que eles dizem que deve ser feito. Se querem errar em nome de Deus, que errem sozinhos. Os evangelhos e a Igreja são maiores do que eles! Jesus manda tomar cuidado com profetas que sabem tudo. Já vimos tais passagens. Tais profetas sabe-tudo não existem. Merecem respeito, mas devem ser questionados quando suas ordens certamente vão prejudicar outras pessoas, outros irmãos e grupos da mesma Igreja! Mais fé com mais razão. Lamentavelmente, a última tem faltado em algumas comunidades! Tem havido incenso demais naqueles encontros.

66

BRILHE VOSSA LUZ!

Serve para sacerdotes e leigos, igualmente. Quando Jesus disse que não se acende uma luz para colocá-la debaixo de um balaio e que a luz de seus pregadores deveria brilhar diante dos homens; quando sugeriu que pregassem o evangelho de cima dos telhados; quando ele mesmo foi lá no templo, nas sinagogas e praças e marcou presença, estava falando da necessidade de seus pregadores se exporem.

Não é possível anunciar o evangelho ficando só na coxia e nos bastidores. Há uma hora e há momentos em que temos de ir à ribalta e enfrentar aquelas luzes e aquele público. Há diferença entre pregadores como no palco há uma enorme diferença entre o ator que centraliza e o que dá chance aos outros.

Comportamento de prima dona: há o ator que leu e aceita o script. Vale a peça e não apenas seu papel. Vai lá para servir o grupo teatral e aceita fazer parte do ato. Sente-se tão bem na ribalta quanto na coxia ou nos bastidores. E há o que precisa demais do papel principal, das luzes e do palco, chama constantemente a atenção para si, entra na fala dos outros e não resiste a ficar mais tempo no palco, para mostrar quão excelente ator ele é.

Apresentador que se apresenta: o Brasil conhece de forma sobeja o apresentador que grita o tempo todo e fala demais, deixando ao entrevistado, no máximo, 10% do tempo da entrevista. O resto ele usa para si. Não conduz um programa de entrevistados, mas sim de entrevistador. É como se ele dissesse: *Vejam como eu entrevisto e animo bem!*

O programa é centrado nele, que precisa interromper tudo para que sua imagem e palavra apareçam. Faz lembrar aquelas empresas distribuidoras de frutas que colocam seu selo em cada fruta que vendem, para que ninguém se esqueça da companhia. É marketing demais.

Luz demais: luzes em excesso podem ser fenômeno do qual o pregador não consegue se furtar em uma festa ou em um momento de sua vida. Vem todo mundo em cima dele. Procura excessiva por repórteres, programas de rádio e televisão e por luzes pode ser deslumbramento. Quem fala a milhões tem de estar mais preparado do que os outros. Fala para gente que não vê e diante da qual não poderá se explicar, caso ensine algo contra a opinião da Igreja.

Convém alertar a todos os pregadores, aos antigos e aos novos, sobre esse risco, caso não o tenham percebido. Estar em tudo que é programa é como ir para a rua e segurar todos os cartazes que lhe caírem em mão, ou como levar sempre o mesmo cartaz, mas entrar em passeata ou em procissão errada. Jesus certamente mandou ir, mas, como tudo o que vem de sua boca, este ir supõe critérios. Não se vai de qualquer jeito nem a qualquer lugar. Não vale tudo para evangelizar. Há programas em que um sacerdote não deve ir. Há outros, nos quais, se for, terá de saber como se conduzir, para que o apresentador não lhe faça perguntas que não estavam combinadas.

Fez bem aquele jovem sacerdote que, em um programa de rádio perguntado pela entrevistadora se guardava o celibato, respondeu sorrindo:

– Guardo sim. E guardo com tal respeito que nem vou lhe responder a esse tipo de invasão de minha privacidade.

Ela, querendo se justificar, retrucou:

– Mas o senhor é figura pública e, se veio aqui, é porque quis correr o risco.

E ele:

– Vim aqui porque vocês foram lá me convidar para falar sobre a invasão e o assentamento no km 15. Não vim falar de minha vida pessoal nem da sua. Vim falar do problema e do conflito que está afetando nossa cidade.

Para ele não valia qualquer pergunta. Não era um deslumbrado! Foi lá servir e, como a repórter o achou um homem bonito e charmoso, desviou-se de seu papel de repórter. Nem ao repórter é permitido perguntar o que bem entende quando a pauta é outra, nem ao pregador convém falar de si, quando quem precisa de destaque é o outro.

Que o rádio e a televisão permaneçam sendo o que são: veículos que usamos quando ajudam a evangelização e quando não atraem em demasia a atenção sobre nossa pessoa. Se aparecermos demais, deixemos aquelas luzes esfriarem longe de nós. Que elas não nos ofusquem! São meios modernos, mas não podem virar moda nem objetivo número um.

67

REPERCUTIR ATÉ QUE PONTO?

Para salientar as virtudes de seu biografado, o biógrafo não hesitou em dar datas, criar frases e citar fatos errados. O importante é que seu biografado aparecesse como inventor, pioneiro, o primeiro, o melhor. Assim, aqueles com quem o biografado aprendeu, cujo método importou e adaptou, foram postergados, e o biografado passou a ser o mestre. O criador e inventor ou seus mestres ou predecessores passaram a ser discípulos e aprendizes. Valeu a lei da repercussão.

Ninguém foi verificar. O biógrafo nem se deu ao trabalho de entrevistar as pessoas de quem falou. Simplesmente pôs palavras na boca de quem ele não entrevistou, sempre para ressaltar seu biografado. Quem leu o livro nunca vai saber o que de fato aconteceu. Aqueles que foram deturpados não poderão questionar em um tribunal, porque seriam vistos como ressentidos ou invejosos.

Na mídia, acontece, muitas vezes, que o mestre, o que começou, o que tem uma longa história para contar, fica ignorado, e o que desponta e tem a seu redor as câmeras e os microfones instalados por um marketing mais poderoso aparece como quem começou, quem mais fez e quem tem mais a dizer. É a lei da repercussão que se alimenta do culto da personalidade. A mídia nem sempre olha para o conteúdo e para os fundadores, olha para quem repercutiu e está repercutindo.

68

DEUS AINDA TOCA?

Do outro lado há os cristãos intelectivos, também não estão errados. Sua pregação é: "Deus já deu um jeito, agora tratemos de entendê-lo"; "Demos nós (...) mesmos de comer, porque Deus já mostrou como se faz"; "Está na hora de fazer o que já nos foi mostrado"; "Ele irá conosco, se formos com ele. Deus provoca".

Penso em dois irmãozinhos gêmeos diante do colo da mãe. Os dois choram, mas um vai em busca do colo dela. O outro fica lá de mãozinhas abertas chamando a mãe para tomá-lo no colo. Os dois ganharão carinho. Afinal, ambos o pediram. Mas o jeito de chamar a mãe é diferente. Um deles é intuitivo, o outro mais ativo. Um vai, e o outro chama. Um sabe que será acolhido, então, ergue os braços. O outro, busca e vai. São duas formas de viver a fé!

Veja a televisão e o rádio hoje, diga-me se estou errado! Alguns conjugam o "vem, Senhor"; outros, o "estou indo, Senhor". Uns apostam na graça do Deus, que vem; outros na graça do Deus, que nos envia. Uns dizem "vem para que eu possa ir"; outros dizem "Já li e já entendi. Estou indo, Senhor". Nenhum é mais santo que o outro; são atitudes da alma. Respeitemos.

69

CAVALO E CAVALEIRO

No processo de comunicação, distinga-se claramente entre o comunicador e os meios. Às vezes, o comunicador é mais forte e determina o papel dos meios. Às vezes, o comunicador é fraco, confuso, desesperado por brilho, por isso mesmo precipitado e disposto a fazer qualquer coisa para chegar a milhões de pessoas. Acaba dominado pelos meios. Quem monta de qualquer jeito e em qualquer cavalo acaba indo aonde não queria e do jeito que não queria.

O cavaleiro que sabe cavalgar usa as rédeas como meio de conduzir o cavalo. Mas há cavalos que vão aonde querem, porque o cavaleiro é mais fraco e inábil do que ele. A mídia é um cavalo xucro, quem não sabe usá-la acaba se desviando. Pensa que vai aonde quer, mas é a mídia que o leva. É a história de milhares que pensavam dominar a mídia e foram por ela engolidos ou levados para o vazio.

70

DROGA E MÍDIA

Droga e mídia, infelizmente e muitas vezes, andam a cavalo uma na outra. Fizeram milhares de vítimas. A pressão, a pressa e a ânsia de faturar milhões são de tal monta que quem poderia ser agente de comunicação vira instrumento e objeto.

Para sobreviver a tamanhas exigências, recorrem a aditivos. Começam com fumo, passam por bebidas, álcool, pílulas e acabam na agulha e no pó. E a carreira e vida viram pó!

Preocupam-me os pregadores religiosos que se deixam enfatuar a ponto de nem mais perceberem o quanto se expõem. Aparecer em dez programas no mesmo dia, cerca de seis horas, é superexposição. O rosto cansa o telespectador. Pior ainda quando montam um cerco ao redor, ninguém mais consegue chegar a eles, nem os amigos de ontem.

Digam o que quiserem e justifiquem-se o quanto puderem, mas a verdade é uma só: acorrentaram-se ao marketing, ao nicho e ao púlpito e não conseguem mais se misturar ao povo; a fama os engoliu. Começaram querendo ir às pessoas, agora vão ao povo, mas não chegam aos indivíduos. Escondem-se em sua notoriedade. Fazem o contrário de Deus, que se misturou, fez “shekinah” e armou sua tenda entre nós tornando-se e-manu-el.

Eles, assim que podem, armam suas tendas em lugares isolados, compram casas de campo ou de montanha, montam lindos apartamentos, isolam-se e ficam distantes. Só aparecem na hora do culto e do show. Depois, não estão disponíveis.

Falam ao povo, mas não falam com o povo. Ainda dizem que falam em nome de Deus! Jesus não tinha guarda-costas. Eles têm de quatro a uma dúzia. Que o Papa não possa descer no meio do povo por razões de Estado, já que o Vaticano é mais do que um templo, entende-se. Mas, e eles?

71

RECEITAS DE SALVAÇÃO

Quem tem receitas garantidas de felicidade e de salvação eterna extrapolou em sua missão de conselheiro. É mais quituteiro do que mensageiro. Não existem receitas garantidas de salvação e de felicidade.

Existem receitas possíveis, mas não infalíveis. Dê um remédio para asma ou uma receita de bolo finíssimo e verá se o remédio ajuda qualquer asma ou se o bolo sai como a receita.

Nem todo remédio nem toda receita dão certo para todas as pessoas. Fale de um céu possível e não de um céu garantido.

72

PERU COM PENAS DE PAVÃO

Não digo nomes, porque há os sinceros e bons, mas é um alerta para quem corre atrás dos que se proclamam intercessores de milagres garantidos e infalíveis. Pedir é uma coisa, garantir é outra! Uma senhora com câncer no pulmão pediu-me uma bênção e uma cura. Perguntou-me se eu, em nome de Jesus, podia garantir sua cura, já que o médico não garantira.

Delicadamente, eu lhe disse que abençoaria e que, em nome de Jesus, oferecia-lhe uma cura "possível", mas não "garantida". Não sabia de ninguém que teria sido curado do pulmão pela imposição de minhas mãos. Eu não poderia lhe dar essa certeza. Decepcionou-se e foi a um pregador que atua no rádio e na televisão em nome de Jesus. Ele costuma declarar, diante das câmeras, sem nenhuma verificação de médicos nem atestado de outros, que a pessoa está curada ali mesmo, no ato. Reproduz os primeiros dias do cristianismo. Milhares vão vê-lo e deixam nossa igreja para ouvir suas pregações.

Ele garantiu-lhe a cura, afinal, a Igreja dele é uma igreja de resultados. Garantiu-lhe que estava curada ali mesmo! Glórias a Jesus! A família saiu feliz, criticando a Igreja católica e o padre que não acredita em milagres. Mal sabia que eu mesmo já recebi milagres e que conheço muita gente que foi curada. Mal sabia que, muitas vezes, vou a Aparecida pedir milagres por pessoas feridas no corpo e na alma e que envio muita gente para lá. Mal sabia que recorro às carmelitas e clarissas para que orem por alguém que precisa do milagre!

Uma coisa é pedir, esperar e confiar, outra é proclamar ou garantir uma cura, aos estardalhaços em um intenso marketing diante de câmeras e microfones. Essa garantia eu, pregador da fé serena, não posso dar. Só Deus sabe se dará ou não o milagre solicitado.

Dois meses depois, o problema voltou ainda mais agudo. Não houve meios de ela chegar perto daquele microfone. Voltou ao hospital com a resistência baixíssima e veio a óbito. O pregador que lhe garantiu a cura deveria ser processado pelos filhos dela, pois brincou de porta-voz de Deus, anunciou uma cura que não ocorreu e aproveitou-se para fazer marketing.

73

SOFRIMENTO INACEITÁVEL

Milhões de pessoas aceitam o sofrimento e, para aceitá-lo, espelham-se na vida dos mártires, principalmente Jesus de Nazaré, que para os cristãos é o mártir dos mártires. Para eles, Jesus explica a dor, e eles foram capazes de aceitá-la em virtude do testemunho e da força de Jesus. Não acontece com todos, pois muitos não conseguem resolver sua perplexidade diante da dor e da cruz de algum ente querido. É o que levou muitas mães, muitas filhas, muitos filhos e muitos pais a deixarem a religião ou a mudarem de religião. Não aceitaram a explicação dada para o sofrimento que tiveram de enfrentar ou que alguma pessoa querida teve de enfrentar.

Uma jovem de 28 anos dizia: de agora em diante, é Deus lá, onde Ele existir, e eu aqui, porque Ele não fez nada por meu pai, deixou-o morrer como um cachorro, com um câncer no palato. Eu estou de mal com seu Deus e para sempre; já nem me importo se um dia vou vê-lo ou não. Ele me arrasou juntamente com meu pai. Se era para passar por isso, preferia não ter nascido.

Um pai que perdeu a filha por estupro e violência disse a mesma coisa, que não aceitaria mais nenhuma religião na vida. Aceito você como meu amigo, porque já deu provas de que me ama além da religião, mas, por favor, não tente me empurrar sua religião, aceito sua amizade, mas religião é assunto entre mim e Deus. Se existe, sabe que eu não quero mais nada com Ele.

Recentemente, um autor de livros bíblicos, estudioso, famoso da bíblia, Bart Herman, publicou seu livro testemunhal, no qual disse que não acredita mais em Jesus, no cristianismo e em Deus. Perdeu a fé diante do sofrimento.

Não adianta brigar ou argumentar, as pessoas têm reação intelectual, afetiva, altamente emocional diante da própria dor ou diante da dor de alguma pessoa amada. E, como foram ensinadas que Deus se importa, evidentemente com elas Ele não se importou. Se Deus é poderoso não fez nada, se podia fazer e não fez, é omisso. Elas não querem saber do plano de Deus ou do lado bom de qualquer dor; para elas a dor por todos os lados é algo ruim. É sempre uma experiência pessoal, em que alguns aceitam, outros não. Quando vem a dor para a pessoa, talvez aceite ou não. Não se pode deixar apenas um plano racional nem apenas um plano emocional; se a pessoa quiser conversar, conversamos; se não quiser, postamo-nos de seu lado ao pé de sua cruz, sem dizer palavra. Solidários.

Até porque a dor é um mistério na mesma forma que o prazer e o amor são mistérios. Assimilam-se ou não.

74

TRAÍDOS PELA RIQUEZA

> Sei passar necessidade e sei viver na fartura. Estou preparado para tudo: para estar na abundância ou para passar fome; para ter fartura ou para sentir necessidade (Filipenses 4,12).
>
> Aos ricos deste mundo recomenda que não sejam orgulhosos, que não coloquem sua esperança em riquezas precárias, mas sim em Deus, que nos concede tudo em abundância para nosso gozo (1Timóteo 6,17).

No melhor estilo de Max Weber, que teceu loas à ética protestante luterana e calvinista como propulsora do progresso, o conflito entre pregação, pobreza e riqueza continua, agora entre as mesmas igrejas que ele elogiou. Alguém foi longe demais! Curiosamente, os países mais ricos e mais marcados com a cultura do "Deus, que nos quer ricos", também foram os que mais mortes causaram com suas guerras de conquista: a Alemanha de Hitler, as bombas atômicas dos americanos e as pequenas e grandes guerras começadas por gente com o espírito de conquista ou de revanche. Eram sociedades movidas pela ética protestante. O Deus, que gera riquezas, gerou mais solidariedade e fraternidade, ou o capitalismo se revelou tão cruel quanto os regimes empobrecedores nascidos da fé católica? Empreender pode ser graça de Deus, mas o que vem depois é que caracteriza a resposta a essa graça. Ficamos ricos por que e para quê? Deus nos deu o domínio sobre quem?

***

Deus propõe ou não limite ao lucro? Acentuar a riqueza ou pobreza ajuda o cristianismo? Qual das duas vertentes gera pessoas mais solidárias? O mundo conheceu os valores e as tremendas injustiças do marxismo e do capitalismo. E também conhece milhares de pregadores pobres e ricos. Não foram poucos os casos de pregadores vencidos pela síndrome do possuir. A história registra um sem-número de porta-vozes de Deus que, mais do que o "estar bem", visaram ao próprio "bem-estar".

A Igreja católica e diversas igrejas evangélicas também registram, séculos atrás e ainda hoje entre seus pregadores, alguns fundadores, cardeais, bispos, sacerdotes e pastores para quem o dinheiro e o conforto, mais do que possível mérito, tornaram-se meta e projeto de vida. Max Weber os elogiaria? Envolvidos com campanhas, projetos grandiosos, fama e muito dinheiro, por mais que justificassem a atitude ou dissessem ao povo que aquilo tudo era para os pobres, foram traídos pelo gosto por luxo, conforto e bem-estar. As casas, os apartamentos, objetos, aviões e viagens os traíram. Não eram para o reino, eram para eles. Resolveram a própria dor de consciência lembrando que não eram os únicos. Se outros também agiam assim, por que não eles que ao menos trabalhavam penosamente pelo Reino?

Acreditavam na riqueza e alguns até ensinavam que Deus dá mais a quem lhe é mais fiel. Há uma suposta teologia em curso que garante que a busca da riqueza pode ser fé profunda! Se você pretende ser pregador da fé, saiba que tem muitos caminhos a sua frente. Alguns justificam a riqueza, outros não.

Você poderá ser pobre por escolha, decidir não ter muitos bens, vestir-se com simplicidade, doar tudo ou a maior parte do que ganha aos pobres, a sua diocese ou ao grupo religioso. Poderá criar grandes obras e movimentar muito dinheiro, mas pessoalmente ser desprendido, dormir em cama sem conforto, viver de maneira frugal e valorizar a pobreza ou o não possuir nem comprar o top de linha do mercado. Se o tiver, porque, por alguma razão, a comunidade ou a autoridade o comprou, saiba usar sem ostentar.

O pregador que sofria da coluna e operara a próstata – e todos sabiam de suas dores e das três brutais intervenções cirúrgicas que sofrera – ou aceitava um carro macio e confortável ou teria de deixar de dirigir. Mesmo não podendo explicar a todos, tinha a consciência tranquila, porque a escolha do carro não fora dele. Não cuidou de si. Depois de muitos anos de dor, cuidaram dele!

Você poderá doar parte ínfima do que ganha com seu talento, suas pregações e seus empreendimentos e ficar com quase tudo para si e para a família, justificando-se dizendo que o ganhou com o suor de seu rosto. Poderá ensinar que ter muitos bens é uma bênção e ter muito conforto é condição para pregar melhor. Poderá ensinar uma fé que não rejeita a riqueza, antes, persegue-a sem disfarces. Poderá, ainda, nadar em maciez e conforto com os melhores produtos do ano e da época, melhores hotéis e aviões, melhores casas e visíveis sinais de enriquecimento, com a anuência dos discípulos e admiradores. Poderá, também, não ter nada em seu nome nem de seus parentes e provar que nada guarda para si. Houve pregadores extremamente pobres, muitos deles foram declarados santos por este sinal de que o Reino de Deus não lhes trouxe absolutamente nenhum bem a mais desde seu juramento no altar. Quiseram isso.

Houve outros extremamente ricos. A riqueza lhes veio depois que começaram a pregar. Sabe-se, também, dos que tinham o necessário para seu conforto, mas eram simples, sem grandes exigências. Sabe-se dos que buscaram o máximo e o melhor para si, dos que se negaram ir pregar aos pobres ou viver perto deles, dos que acumularam chaves de cidades, prêmios e condecorações.

Os textos bíblicos de Mateus 6,2-5; 20,27, 23,11 e Lucas 17,10 mostram um Jesus que condena a busca de aplausos, dos primeiros lugares ou os que se empolgam com elogios por terem feito algum bem. Mandou responder: *Somos servos inúteis; não fizemos nada mais do que nossa obrigação*. A mão esquerda nem deveria saber o que faz a direita (Mt 6,3).

Em resumo: discretos no bem e sem condecorações e medalhas de honra pelo bem realizado. Tiveram aqueles que eram bem de vida, mas optaram pela pobreza, e os que vieram de pobreza extrema e se deixaram levar pela riqueza, pelo lucro e pelo conforto. É tentação permanente para alguns funcionários públicos, políticos e religiosos que começam não querendo nada e terminam querendo tudo. Sua casa era muito pobre, mas, no decurso de seus estudos, acostumaram-se ao conforto e nunca mais aceitaram viver de maneira frugal. Gastaram seu dinheiro com festas, eleições, mais votos, mais garantia de poder e, no caso de pregadores, não tanto com livros, mas com espetáculos, viagens, roupas, instrumentos caros. Não conseguiram justificar tanta riqueza com trabalho, partilha e dedicação equivalente.

A espiritualidade do pregador precisa primar, segundo a tradição da maioria das correntes de espiritualidade, pela pobreza, pelo desprendimento, pelo desapego e pelo uso moderado dos bens, com admirável testemunho de total despojamento. São mais da linha de Alfredinho, Dom Helder, Madre Teresa, Vicente de Paulo, Francisco de Assis e Clara de Offreducio.

Aí está você, sonhando um dia anunciar o evangelho de cima dos telhados. A consciência pessoal e a visão de igreja o conduzirão a esta ou àquela direção: estar bem ou bem-estar. A escolha é sua. O testemunho também!

75

VENCER E PERDER EM CRISTO

Uma palavra sobre um tema recorrente na mídia de agora: o cristão vencedor, aparentemente sem dor. Existe uma teologia da vitória, uma teologia da conquista e uma teologia da partilha. São modos de ver a ação de Deus em uma comunidade. Modos certos e modos errados, porque também há teologias erradas e leitura confusa!

Muitos adeptos da teologia da vitória se acham no direito de invadir outro povo, outra cultura, outras terras e lá mandar, apossar-se e determinar o rumo daquela gente por achar que Deus lhe deu essa missão. Os certos são eles, são a luz do mundo. Acham que Jesus disse aquilo para sua igreja e para seu país. Deus quer que eles sejam número um em tudo. O mundo é deles. Foi isso que levou dois pregadores pentecostais de São Paulo a entrarem sem licença no Santuário Católico de São Judas e lá, em um momento de descuido dos padres, pregarem para os presentes como se tivessem esse direito. Tudo errado!

O adepto da teologia da conquista admite que ainda é pequeno, mas seu grupo é o eleito. Um dia, o mundo todo vai orar, louvar e cantar e viver como eles. Seus templos encherão a face da terra, eles ocuparão o primeiro lugar, porque são fiéis, e Deus é fiel. O mundo ainda será deles. Acham que podem invadir o rebanho do outro, na convicção de que o outro não cuida bem daquelas ovelhas. Então elas são deles.

Os adeptos da teologia da partilha querem ser irmãos de todos, principalmente de quem mais precisa. Não se acham superiores a ninguém, nem querem o primeiro lugar, nem dizem que o mundo será como eles o imaginam e querem. Mantêm suas convicções, mas sabem discordar sem perder o respeito. Nunca invadem templos nem terras dos outros. Entram tímidos pedindo diálogo. Aceitam aprender. São sempre ecumênicos, que é uma das partilhas mais profundas que se possa imaginar: a da fé.

Entendem que o mundo é de Deus para todos e nunca será apenas dos que oram, dançam e pensam como eles. Deus lhes deu a graça de amar até seus inimigos e os que desejam prejudicá-los. Não estão em busca da vitória, mas do diálogo fraterno. Querem apenas um lugar ao lado de seu povo e dos outros povos. Deus determinará o tamanho do lugar.

Nunca se dizem mais fiéis, mais santos ou mais eleitos. Querem apenas ser santos e fraternos.

Qual dessas teologias é a mais cristã? Que bom seria se todos os irmãos de todas as igrejas soubessem qual a resposta! Sendo a que sabe perder e vencer sem deixar de amar em Cristo!

76

JESUS CRISTO SECUNDARIZADO

Não aconteça comigo nem com você o que houve com aquele pregador que teve sua chance de falar para quase cem milhões de pessoas por vinte minutos. Gastou todo aquele tempo para falar de si mesmo, de sua infância, de sua família, de alguns episódios de sua vida e de suas novas obras. De Jesus falou duas vezes e não mais do que dez palavras de cada vez.

Como não interessava ao entrevistador que alguém falasse de Jesus naquele programa, o pregador falou de si mesmo. O interessante era o novo pregador e seus novos conceitos, não quem ele anunciava. Do ponto de vista da emissora, a novidade era o jovem pregador. A explicação que veio foi aparentemente muito lúcida. Disse ele:

> Se eu falasse de Jesus, o apresentador me interromperia. Falando de mim e de meus amigos, ganhei mais tempo no vídeo, com isso milhões me viram. Busquei a fama para chegar à mais gente. Quando me chamarem, por eu ser conhecido, reunirei mais pessoas e falarei de Jesus por mais tempo. Como Paulo, aceitei ser dado em espetáculo ao mundo, para depois anunciar Jesus. A televisão me abre as portas das comunidades...

Falacioso! Esqueceu-se de que estava buscando holofotes e evidência para anunciar Jesus, mas ignorou o resto do texto: "Pois penso que Deus nos apresentou a nós, apóstolos, na classe mais baixa, como condenados à morte; porque fomos dados em espetáculo ao mundo, aos anjos e aos homens" (1Cor 4,9). Paulo não falava de aplausos nem de luzes na ribalta. Falava de caminho penoso e de cruz.

Não suceda comigo e com você o que sucedeu com aquele pregador. Usou vinte minutos de um tempo que custa milhões de reais a um anunciante, para falar de si mesmo e de sua mãezinha. Se tivesse falado três minutos de Jesus, mesmo que nunca mais fosse chamado por aquele apresentador ou pela emissora em questão, teria falado três minutos de Jesus a milhões de ouvidos. Quando escolheu contar a própria história, na esperança de ir sendo chamado aos poucos pelas comunidades para falar mais tempo de Jesus, escolheu a passarela. Desfilou seu "eu".

Fez sua opção que pareceu lúcida e inteligente. Mas será que é para isso que a Igreja forma pregadores? Para que falem mais tempo de si do que de Jesus? Que escola de espiritualidade é essa que dá mais tempo à própria trajetória do que à do Cristo? Salomão também fez um templo para Javé, mas logo depois fez para si um palácio maior do que o templo. Também foi estratégia! Certamente Salomão, inteligente como era, teve suas explicações, não dava pontos sem nó! Não admira que tenha terminado seus dias adorando Astarte e Quemós. Naufragou no autoelogio!

Secundarizamos Jesus quando caímos na armadilha de contar nossas histórias pessoais em vez de mostrar os verdadeiros santos que Jesus fez. Inteligentes como somos, se quiséssemos, teríamos muitas histórias interessantes para contar sobre grandes personalidades bem mais interessantes do que nós. Se somos tão hábeis em mostrar nosso lado simpático, podemos também falar de homens e mulheres que fizeram a diferença.

Fez isso o professor de religião comparada que, entrevistado a respeito de seu mais novo livro, pediu dois minutinhos para contar uma história sobre os cinco líderes religiosos que entraram no céu no mesmo dia e a cômica reação de cada um ao entrar. A história encantou o apresentador que lhe deu mais tempo. Ele aproveitou para falar de ecumenismo e diálogo intereclesial. No fim, disse que tudo aquilo estava em seu novo livro. De si mesmo nada disse. "Cristoforizou", levou o Cristo, levou os outros, mostrou os outros. Saiu de lá admirado por ter mostrado o esforço de milhares de pregadores na direção do diálogo. O que seria uma conversa sobre sua vida pessoal terminou em conversa sobre os que ensinam o povo a dialogar. Escapou da armadilha do marketing pessoal.

Quem quer consegue!

Do crítico da religião, Gerald Messadié[1], uma reflexão sobre Jesus:

> "Viver sem religião expõe à desordem. As seitas espreitam, como o abutre vigia o moribundo no deserto (cf Mt 24,28). O desespero também. Alguns homens prodigiosos atravessaram os milênios recentes. Para mim não existe senão um cuja voz não se extinguiu, que não é nihilista como Buda ou Vardhamana, enfastiado como Lao Tse, cínico como Confúcio. Terão adivinhado que se trata de Jesus. É o único que pode evitar o desespero e a loucura".

---

1 Gerald Messadié; História Geral de Deus, Da antiguidade à época contemporânea. Publicações Europa-América, Portugal, 2001.

77

PROFETAS DO JEITO CERTO

Reprisemos para quem não leu os outros volumes, o que foi dito sobre profecia e comunicação.

Nem toda comunicação cristã é profecia. Deveria ser, mas não é.

É que a comunicação passa pelo pregador; nem todo pregador age como profeta.

Muitos se autoproclamam porta-vozes que não são
e mostram-se despreparados para falar
em nome da Trindade,
em nome do Cristo,
em nome de sua Igreja.

Sua pregação não é a de quem foi escolhido, mas a de quem se escolheu;

não é a de quem foi enviado, mas a de quem se autoenviou.

Não prega o que sua Igreja lhe manda pregar.

Não vai ao cerne, passa pela tangente.

Há pregadores profetas, e há profetas que não pregam, mas ensinam.

Há pregadores não profetas porque não ensinam e não dão o recado certo:

tem "eu" e "mim" demais em sua pregação.

Adoram impressionar e falar de si mesmos, não importa qual o tema,

desde que haja quem os ouça!

Preparam sua canonização já em vida contando tudo sobre sua infância e juventude.

Se falassem uma vez, vá lá, mas vinte, trinta, cem vezes?
Acham que devem gritar em alto-falantes para os de fora,
mesmo que esses não queiram ouvir seu anúncio.
Se o vendedor de pamonhas de Piracicaba pode gritar na rua,
oferecendo seu produto, ele também pode.
Assim raciocina e assim age!

Jeremias se refere a tais profetas, em Jeremias 14,14, a partir do capítulo 23,9.

Jesus os menciona em Mateus 7,21-28 e em Mateus 23,1-39.
É como se Jesus dissesse:

Não os reconheço, apesar do que vocês diziam e faziam. Usaram meu nome em vão.

Em Mateus 24,23-28, desautoriza os que dizem que sabem levar a Ele
e que gritam: *Ele está aqui conosco! Venham!*
É um erro confundir o pregador com o profeta.

Ele pode ser os dois e pode não ser nem mesmo um pregador autorizado.

Se exorcizar demônios sem autorização, para ser exorcista,
não é um pregador nem um profeta católico. É usurpador.
Passará sobre sua Igreja, agindo por conta própria.
Jesus, em Marcos 9,38-39, disse que há exorcistas que,
não sendo de seu grupo, agem corretamente em seu nome,
mas em Mateus 7,22 desautoriza quem abusou de seu nome.

Profetizar, portanto, não é questão de fórmulas, sons e palavras,
mas sim de cerne, miolo, conteúdo.
Podemos entregar um pacote de pizza muito bonito
e muito bem embalado e embrulhado, encantador até,
mas, se, ao abri-lo, ele não contiver o que se possa chamar de pizza,
chamemos o entregador de embusteiro

ou de impostor, ou ainda

de entregador de pizza estragada.

Pode ser culpa do fornecedor e pode ser culpa dele mesmo,

se participou do processo de mentir e enganar o cliente.

Comunicar a fé é questão de *kerigma, kerix, proclamação, mensageiro,*

mas também questão de unidade, de conteúdo, de proferir e de conferir,

sem nunca interferir negativamente no caminhar da Igreja

nem desviar a marcha do povo de Deus

para suas tendas cheias de produtos que, segundo ele, salvam.

Estão oferecendo falsos manás e falsas codornizes. Profetizar é mais do que comunicar a Palavra de Deus. Negar-se a comunicar também a Palavra da Igreja é sonegar a profecia que Deus deu à Igreja e que nós deveríamos divulgar, mesmo que não tenha sido ditada lá em nosso acampamento a um de nossos que estava em vigília de profeta, pregador ou pastor.

Não é questão de apertar um botão ou dar um sinal que, logo, todos profetizam. Quem dá a profecia ainda é Deus, e Ele a dá quando quer e a quem Ele quer e não quando tocamos um sino ou apertamos um botão. Nem a dá apenas aos que recomendamos a Ele. Às vezes, ele a dá a nosso irmão que discorda de nós, mas nos ama.

Nem todos os que se comunicam bem são profetas. Não é questão de saber falar bonito e inflamar auditórios e multidões. Nem todos os profetas se comunicam bem oralmente, mas são profetas. Irmã Dulce, Madre Teresa são exemplos disso.

Há profetas que se comunicam bem, mas conhecem seus limites: raramente regam seus altares com água (1Rs 18,32-39) para mostrar que Deus está com eles e que o poderoso vai pôr seu fogo ali! Elias fez isso para mostrar poder. Depois, estranhamente (1Rs 18,40), mandou matar os sacerdotes que ele derrotara.

Como Deus jamais faria tal coisa, a conclusão é uma só: Elias excedeu-se, embriagado pelo poder. A profecia e o excesso de poder lhe subiram à cabeça, porque profetas também se excedem. Achou-se no direito de matar quem seguisse outro Deus. Já falamos desse episódio.

Depois de Jesus isso é impensável. O profeta comunica por gestos e atitudes, não apenas dando testemunho e falando. Ser profeta é mais do que pregar e falar. A comunicação tem de ter mais conteúdo do que palavras sonoras e lindas canções que enlevam. Enlevo nem sempre é elevar. Pode-se chorar pelo motivo errado!

Outra vez é Jesus dizendo que usar seu nome não é garantia de entrar no céu (Mt 7,21) se o nome for usado de maneira errada e mal-intencionada, mais para mostrar poder do que para mostrar misericórdia. Quem não comunica a libertação da pessoa não está profetizando. Quem não oferece a libertação do alto e as libertações daqui não age como profeta. Profeta que foge da cruz e omite a verdade e a dor humana enquadra-se na descrição de Paulo ao Bispo Timóteo: 2Tm 4,1-5.

No texto ele prediz que chegará um tempo em que falsos profetas serão procurados e solicitados para dizerem exatamente o que o povo quer ouvir, levados pela curiosidade e pelo prurido de ouvir novas revelações.

Está em consonância com o que Jesus profetizou dizendo, de antemão, como é que seria. Até curas e milagres os falsos cristos realizariam, dizendo que os fiéis que fizessem o que eles mandassem agora estariam com o endereço correto dele. A verdade moraria em seus templos. Quem a quisesse teria de ir lá (Mt 24,24-28).

Nem milagres, nem curas, nem palavras, nem anúncios estrondosos fazem o profeta. Falsos profetas, segundo Jesus, também fariam isso. Os magos do Faraó também reproduziram muitos dos fenômenos provocados por Moisés, até que veio a prova definitiva.

***

O proferir do profeta cristão
precisa conferir com a Bíblia e com a Igreja
para não ter uma profecia que difere
e que, muitas vezes, interfere no caminhar do povo.

Cuidado com os tamanhos de nossas fotos atrás de nós em palcos e altares.

Não finjamos ser profetas nem aceitemos que nos nomeiem santos em vida.

Deixemos que a Igreja perceba e o diga, se é que desejamos sê-lo do jeito certo!

FIM DE LIVRO

O objetivo dessas leituras foi falar da interioridade do pregador e das dores e dos desvios quando falta ascese a quem anuncia.

Há pregadores feridos por pregarem bem e feridos por pregarem mal. Há púlpitos que ferem o pregador, e outros que ferem o povo.

A maioria dos desvios e das dissidências acontecidas no seio de nossa Igreja teve origem no púlpito. Meu livro quis oferecer uma reflexão provocadora em tempos de mídia religiosa e de pregadores nem sempre preparados para o uso desses poderosos veículos de agora. Incluo-me entre eles. Duvido que exista algum pregador que domine a mídia moderna.

Faz bem a Igreja em ter os meios, mas fará melhor ainda se for exigente com quem os usa. É bom ter enormes aviões que conduzam o maior número de passageiros a seu destino, mas também é preciso ter pilotos e técnicos habilidosos para que não haja grandes acidentes. Pregar é apontar e, às vezes, levar o fiel a destinos melhores. Assemelha-se muito ao ato de pilotar um avião. O piloto deve saber de onde sair, quando partir, o que fazer diante dos ventos contrários e como chegar ao destino com razoável segurança. Não se improvisa em um avião. Nem se improvisa na catequese. Há uma rota, um projeto e um caminho a seguir.

Meu livro apontou nessa direção. Procuram-se pilotos que conheçam a aeronave e a rota. Procuram-se pregadores que conheçam a doutrina da Igreja e saibam como transmiti-la!

BIBLIOGRAFIA

DEUS, UM DELÍRIO, *Richard Dawkins.* Cia da Letras, 2021, São Paulo, SP.

MEDO LÍQUIDO, *Zygmunt Bauman.* Zahar, 2006, Rio Janeiro, RJ.

VIDA LÍQUIDA, *Zygmunt Bauman.* Zahar, 2005, Rio Janeiro, RJ.

ESPIRITUALIDADE CONCILIADORA, *Pe. Zezinho, scj.* Ed. SCJ, 2023, Taubaté, SP.

A ALEGRIA DO EVANGELHO, *Papa Francisco.* Paulinas, São Paulo, SP.

SER UM ENTE BILHÕES, Pe *Zezinho, scj.* Paulinas, 2012, São Paulo, SP.

MANUAL DO SERVO INÚTIL, *Pe. Zezinho, scj.* Paulinas, 2015, São Paulo, SP.

EM NOME DE DEUS, *Karen Armstrong.* Cia das Letras, 2001, São Paulo, SP.

21 LIÇÕES PARA SÉCULO 21, *Yuval Noah Karari.* Cia das Letras, 2019, São Paulo. SP.

TEOLOGIA DA SOLIDARIEDADE. *João Carlos Almeida.* Edições Loyola, São Paulo, SP.

INFLUENCIADORES DIGITAIS CATÓLICOS. Ideias e Letras, Paulus, São Paulo, SP.

MEU IRMÃO CRÊ DIFERENTE, *Pe. Zezinho, scj.* Paulinas, 2014, São Paulo, SP.

QUEM JESUS FOI, QUEM JESUS NÃO FOI, *Bart D Eherman.* Ediouro, 2009, Rio Janeiro, RJ.

NÁUFRAGOS DA COMUNICAÇÃO, *Pe. Zezinho,* scj. Editora Santuário, 2024, Aparecida, SP.

ÍNDICE

Este livro foi composto com as famílias tipográficas Segoe UI e Stone Serif ITC Pro
e impresso em papel Pólen natural 70g/m² pela **Gráfica Santuário.**